中外名人传记

进化论之父

达尔文

黄萍——主编

巴蜀书社

图书在版编目（CIP）数据

进化论之父——达尔文 / 黄萍主编 . —成都：巴蜀书社，2018.9

（中外名人传记）

ISBN 978-7-5531-1048-6

Ⅰ.①进… Ⅱ.①黄… Ⅲ.①达尔文（Darwin，Charles 1809-1882）—传记 Ⅳ.①K835.616.15-49

中国版本图书馆 CIP 数据核字（2018）第 208416 号

进化论之父——达尔文 黄萍主编

策划编辑	施 维
责任编辑	肖 静
出 版	巴蜀书社 成都市槐树街 2 号 邮编 610031 总编室电话：(028)86259397
网 址	www.bsbook.com
发 行	巴蜀书社 发行科电话：(028)86259422 86259423
经 销	新华书店
内文排版	泽雨
印 刷	四川省南方印务有限公司
版 次	2018 年 10 月第 1 版
印 次	2018 年 10 月第 1 次印刷
成品尺寸	152mm × 215mm
印 张	13.5
字 数	270 千
书 号	ISBN 978-7-5531-1048-6
定 价	33.00 元

前 言

查尔斯·罗伯特·达尔文（Charles Robert Darwin，1809.2.12~1882.4.19），英国博物学家、进化论奠基人，被誉为“进化论的始祖”。

1809年2月12日，达尔文出生在英国的什鲁斯伯里。由于父亲是当地的名医，因此家里希望达尔文将来继承父业，16岁时便被父亲送到爱丁堡大学学医。

达尔文天性热爱大自然，对打猎、采集矿物和动植物标本尤为喜欢。进入医学院后，他仍然经常到野外采集动植物标本。基于此，父亲认为他整天“游手好闲不务正业”，一怒之下，在1828年送他到剑桥大学，改学神学，希望他将来成为一个“尊贵的牧师”。达尔文并无心听取神学的教导，他仍然花费大量时间听自然科学讲座，并且自学大量的自然科学书籍。对甲虫等动植物标本的搜集，更是使达尔文对神秘的大自然充满了浓厚的兴趣。

1831年，达尔文毕业于剑桥大学。他热衷于自己的自然科学研究，毅然地放弃了待遇优厚的牧师职业。同年12月，英国政府组织了“贝格尔号”军舰的环球考察，达尔文经人推荐，以“博物学家”的身份自费搭船，开始了漫长而又艰苦的环球考察活动。

在考察过程中，达尔文根据物种的变化，整日思考着一些问题：自然界的奇花异树、人类万物究竟是怎么产生的？他们为什么会千变万化？彼此之间有什么联系？这些问题在脑海里越来越深刻，逐渐使他对神创论和物种不变论产生了怀疑。

之后，达尔文乘坐“贝格尔”号途经太平洋、澳大利亚、印度洋、好望角，于1836年10月回到英国。在历时五年的环球考察中，达尔文积累了大量的资料。回国之后，他一面整理这些资料，一面又深入实践，同时，查阅大量书籍为他的生物进化理论寻找根据。1842年，他第一次写出《物种起源》的简要提纲。1859年11月达尔文经过二十多年研究而写成的第一部科学巨著《物种起源》终于出版了。

在这部书里，达尔文旗帜鲜明地提出了“进化论”的思想，说明物种是在不断地变化着的，是由低级到高级、由简单到复杂的演变过程。《物种起源》的问世，第一次把生物学建立在完全科学的基础上，以全新的生物进化思想，推翻了“神创论”和物种不变的理论。《物种起源》是达尔文进化论的代表作，标志着进化论的正式确立。

在此之后，达尔文的第二部巨著《动物和植物在家养下的变异》也在逐渐开始酝酿。该书以不可争辩的事实和严谨的科学论断，进一步阐述了他的进化论观点，提出物种的变异和遗传、生物的生存斗争和自然选择的重要论点。

晚年的达尔文，尽管体弱多病，但他以惊人的毅力，顽强地坚持进行科学研究和写作，连续出版了《人类的由来》等很多著作。在他的著作中，具有特别重大历史意义的还是《物种起源》，它表明了达尔文的进化论思想和自然选择理论的逐步发展过程。《物种起源》的出版是一件具有世界意义的大事，因为《物种起源》的出版标志着 19 世纪绝大多数有学问的人对生物界和人类在生物界中的地位的看法发生了极为深刻的变化。《物种起源》的出版，引起造化论者和具有目的论情绪的科学家们对达尔文学说的猛烈攻击，也引起为维护达尔文主义而发生的相互斗争，达尔文本人以及其他进步人士纷纷出来拥护达尔文学说。

达尔文是一位杰出的科学家，他划时代的贡献为人类生物科学事业的发展开辟了新的广阔前景。1882 年 4 月 19 日，这位伟大的科学家因病逝世，人们把他的遗体安葬在牛顿的墓旁，以表达对这位伟大科学家的敬仰。

目　录

第一篇　“不可救药”的孩子

乐观是希望的明灯，它指引着你从危险峡谷中步向坦途，使你得到新的生命、新的希望，支持着你的理想永不泯灭。

——罗伯特·达尔文

知识分子的后裔

塞文河是英国最长的河流，全长338公里，它曲折蜿蜒，流淌在英国的大地上。当它流到距离伦敦220公里、西海岸约100公里的地方，遇到了一座小山。它伸展开自己的臂膀，一把将小山揽在自己的臂弯里。古城什鲁斯伯里，就是在这个河湾里孕育、发展起来的。

1809年2月12日，伟大的查尔斯·罗伯特·达尔文就出生于这个古城什鲁斯伯里。达尔文是家里的第五个孩子。达尔文所出生的家庭是一个高级知识分子家庭，祖父伊拉兹马斯·达

达尔文的父亲罗伯特·瓦尔宁·达尔文

尔文是英国著名的博物学家和医学家。

父亲罗伯特·瓦尔宁·达尔文是知名学府爱丁堡大学医学院的毕业生，是当地著名的医学博士，他颇有成就，很受人尊敬，因此，达尔文医生在当地很有名望。达尔文医生是一个高大轩昂的男人，身材魁梧，身高 1.88 米，很胖，体重约有 160 公斤。他在还不到 21 岁时，就开始行医，21 岁便获得了莱丁大学医学博士学位。年轻的医学博士不仅有高明的医术，而且还善于博得人们的信任。他开业才半年就诊治了四五十个病人。有些妇女在诉说自己的病情时，常常痛哭流涕，因此耽误了医生很多宝贵的时间。医学博士很快就发现，越是请她们不要哭，她们就哭得越厉害。于是他总是先让她们尽量哭个痛快，并告诉她们流泪要比任何其他的办法更能使她们的身心轻松。这样一来的结果是反而使她们很快就停止了哭泣。于是他就可以听她们诉说病史，进行诊断了。由于他善解人意，很多就诊的病人，特别是妇女，都来请教他，把自己的一切生活上的苦痛经历都向他倾诉出来，好像把他当作一位神父，可以帮助解决种种不幸和灾祸。正是由于这个原因，平时每个遇见他的人都会对他肃然起敬。

达尔文的母亲苏珊娜出身富家，是一位有名的陶工的女儿。达尔文8岁时，在人生道路上第一次遭到了沉重的打击：他的母亲病逝了。

达尔文有一个哥哥和四个姐妹，在兄弟姊妹中，达尔文受二姐和哥哥的影响最大。二姐卡罗琳是个爱管事的小大人，达尔文每次在上学校前，她都事先在家中给达尔文预备功课。可是卡罗琳有时会显得热心过度，她时常想要纠正达尔文的脾气。因此，几十年后，达尔文还记忆犹新：小时候，当他每次想进二姐的房间时，总不禁会在心中盘算："她现在又要来数落我什么错处呢?"

达尔文的哥哥伊拉兹莫斯的爱好十分广泛。他对文学、艺术以及各门自然科学都有极大的兴趣。正当达尔文中学快毕业的时候，他哥哥又着迷于研究化学。为了做化学试验，他哥哥在花园的工具储藏间中，建立了一个很不错的实验室，还配备

达尔文故居

了专用的仪器装置。受哥哥这种爱好的影响，达尔文也对化学问题产生了浓厚的兴趣，他经常和哥哥一起做化学试验直到深夜。他们制出了各种气体和很多化合物，他还认真地阅读了几本化学书籍，这些经历让达尔文感到“这是自己在中学时代受到的最良好的教育”。

达尔文全家所住的红房子是达尔文的父亲在 1800 年建起来的，在达尔文家这幢依山傍水的楼房边，有一个种满了各种花草和果木的花园，花园里有一个非常好看的暖花房。一条弯弯曲曲的小路穿过峭壁通向远方。人们把这条由达尔文的父亲罗伯特·瓦尔宁·达尔文医生和来这里求医的人们踏出来的小路叫作“医生路”。路旁的一棵栗树，树枝相互平行地弯曲着，这棵树是达尔文小时候的最爱。他和他的妹妹凯瑟琳经常在树上玩，在这里他们都有自己固定的“座位”，这里就是达尔文的乐园，就是达

达尔文故居后面的花园

尔文玩耍的小天地。因此，达尔文从小就非常喜欢接近大自然，这也为达尔文之后的发展道路奠定了一定的基础。

童年的独特喜好

由于达尔文家庭条件优越，因此他一出生就过着衣食无忧的快乐生活。因为他又是一个专业人员的儿子，因此家里人便认为他也应该从事某项专业工作。所以，自从达尔文诞生之日起，达尔文的父亲的脑海里唯一的问题就是：达尔文长大了干哪一行？

父亲认定，他的儿子也许可以成为一个好医生。无论如何，学医毕竟是家庭的传统，而查尔斯的哥哥伊拉兹莫斯早已在爱丁堡大学学习医学。因此父亲渴望达尔文能够好好学习，长大后能够成为一名优秀的医生，并且期望达尔文能继承自己的事业。可是达尔文从小就不是一个人见人爱的乖孩子，而是一个调皮捣蛋、人人见了都脑袋发胀的小家伙。他整天在外面撒野，要么跑到森林深处的池塘里抓蝌蚪，要么就坐在小河边望着钓鱼的人们痴痴地发呆。父亲总是认为达尔文是个没有出息的人，有时父亲会绝望地对他说："你除了打猎、养狗、抓老鼠以外，无所事事。这样下去，会给自己及全家人丢脸。"

在达尔文 6 岁的时候，有一天母亲带他到城市公园去玩耍。正巧这一天公园里举行义务栽树活动，母亲就带着小达尔文领了一把铁锹去挖坑栽树。

达尔文还拿不动铁锹，母亲就让他用双手扶着树苗，自己给树苗挖坑培土。这个时候达尔文很好奇地问母亲："妈妈，你为什么要给树苗培土？"

"我想要树苗像你一样茁壮成长，因为泥土就是树苗生长的基础。"

"妈妈，那泥土为什么长不出小猫小狗呢？"

"小猫小狗是他们妈妈生的，不是从泥土里长出来的。"

"人最早的妈妈是谁呢？她又是谁生的呢？"

"听说最早的妈妈是夏娃，不过我只知道圣母玛丽亚。"

"那么，夏娃和玛丽亚是谁造的？"

"上帝造的。"

"那么，上帝是谁造的？"

妈妈注视着面前这个闪着一双好奇的眼睛、执意探问的儿子说："亲爱的孩子，世界上有很多事情对于我们来说还是一个谜。妈妈希望你长大以后好好学习，自己去寻找答案。做一个有出息、有学问的人。"

幼小的达尔文似乎听懂了妈妈的话，又似乎没有听懂，若有所思。

当时这对母子的对话，不论在场有没有其他人，一定没有人会想到，这段对话正是一个科学家开始思考的发端，这是一个科学家探索未知世界的启蒙，这个孩子就是后来创立了进化论的伟大的科学家！

毫无疑问，达尔文是个聪明的孩子。6岁时他的幼小心灵里就已经对身边的世界充满了好奇的疑问。

达尔文 7 岁的时候

在 7 岁时，达尔文喜欢搜集植物、昆虫以及硬币、图章、贝壳和化石，自己在家里做化学实验。

之后，达尔文被送进当地一所私立小学。教员只有一名牧师，教材就是《圣经》。达尔文不爱听《圣经》，却喜欢看《鲁滨逊漂流记》《世界奇观》等儿童读物，喜欢搜集各种植物、贝壳、化石等标本，显露出对博物学的浓厚兴趣。后来他又被送进一所中学，在中学读书时，他很喜欢荷马、贺拉斯、莎士比亚、拜伦、雪莱等诗人。他读这些诗人的诗篇时总是感到有“无限的乐趣”，达尔文特别喜爱雪莱的作品。当时，雪莱是英国、欧洲乃至全世界最进步的革命诗人。达尔文天天埋头阅读和背诵雪莱的诗篇，竟遭到负责全校学生宗教事务的教士的凶狠指责。有一次，这位教士教训达尔文说：“雪莱是一个不信上帝、不敬国王、不爱祖国、诽谤政府、煽动造反的狂人！是疯子！如果在 16 世纪，他一定会像布鲁诺一样被活活烧死！对你来说，亡羊补牢，犹为未晚。”并威吓达尔文说：“你要是坚持错误，我就向校长建议，把你开除!”

面对“开除”的威胁，达尔文根本不放在心上，因为他早已对这所学校死板、陈旧的教学方法深表不满，甚至想要自动离校。但是教士开除达尔文的建议，被校长巴特勒否定了。

达尔文并不满足于抄写和背诵一些诗歌。他从小就酷爱自然科学，喜欢思考。他不喜欢一潭死水般的学校生活，便走出校门，请了一位家庭教师教他几何学。他还怀着极大的兴趣阅读了不少自然科学著作，特别是吉尔伯特·怀特的《自然史和赛尔波恩地区的考古研究》，使他对观察鸟类习性产生了极大兴趣，促使他对附近各种鸟类进行了许多详细地观察，并作了记录。达尔文的这些正当兴趣和爱好，非但没能得到应有的支持和鼓励，反而被他父亲和巴特勒视为游手好闲，浪费时间，不务正业，认为他“是一个平庸的孩子，远在普通人的智力水平之下”。

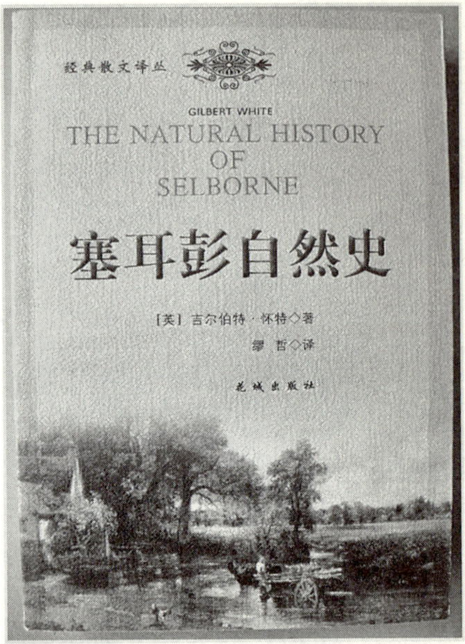

吉尔伯特·怀特的《自然史》

尽管许多人都在批评达尔文，但是达尔文并不在乎这些，他依旧做自己喜欢做的事情。除了拉丁文，达尔文也非常欣赏英格兰的乡镇生活。当他有机会逃学时，他就整天在树林子里闲逛来打发日子。他喜欢采集像岩石、昆虫等这些玩意儿。他还喜欢养狗、种花、钓鱼。

达尔文平时十分喜欢喂鸽子，鸽子屎拉满了院子，有一次竟然拉到了老父亲的头顶上。诸如此类的事情令达尔文的父亲非常恼火，他多次训斥达尔文说：“你成天游手好闲，东游西逛，以后怎么办？你为什么不好好学习，把我这个事业继承下来呢?”

当达尔文中学即将毕业时，他的哥哥正在钻研化学问题，兄弟二人在父亲花园的工具棚里布置了一间“实验室”，经常在那里做些化学实验。为此，又遭到巴特勒校长的严厉训斥，尽管达尔文再三解释，但无济于事。不久，巴特勒又当着全校师生的面教训达尔文，说他是一个“不可救药”的学生。

特别的学业生涯

在1825年10月，达尔文按照父亲的意愿进入爱丁堡大学学习医学。开始，他对爱丁堡大学充满了幻想，希望好好学习。这是老达尔文一生最值得炫耀的胜利之一，他很快就要走向成功。父亲希望达尔文将来能像他自己那样，既精通医学又懂得生物学。可是，父亲的这一愿望终归还是破灭了。大学期间达尔文并没有像父亲期望的那样好好学习医学，他结识了高年级研究水生生物的学生罗伯特·格兰特和约翰·科尔斯特里姆。他们都有共同的厌恶与喜好，都对医学不感兴趣，却热衷于水生生物的研究。所以他们经常到海边采集海生动物标本，并且和这一带的渔民交上了朋友，有时，还登上渔船帮助渔民捕捞鱼虾和牡蛎。

不少有趣的活动，使达尔文在童年时代对生物学的热情又复活了。这期间，达尔文对生物学表现出了高度的热情和认真的态度，他积极参加普林尼学生自然史学会的工作以及会议，而且达尔文几乎每场都必到会议进行发言。其中有一次，他就自然分类问题和种类特征问题进行了发言。1827 年 3 月 27 日，达尔文在普林尼学会上做了有关观察海洋生物的两项报告。他居然在简陋的显微镜下发现了前人的两个错误：一个是板枝介的幼虫，被前人误认为是借着鞭毛独立运动的板枝介卵；另一个是海蛭的卵衣，被前人误认为是墨角藻幼年期的球状体。他把这两项发现写成了科学论文，初步显示出了他在生物学研究方面的才华。由此，他正式当选为“普林尼学会”（这是爱丁堡大学一个主要研究自然科学的学生组织）的书记。同学们的好评以及朋友们的鼓励，使达尔文研究生物学的热情更高了。

在当时，达尔文学的几门课程，除了托马斯·霍普教授的化学课讲得比较生动外，其他的课全都讲得枯燥乏味。许多教师

爱丁堡大学

“填鸭式”的教学方式严重束缚了学生的思想。再有，医学课程的内容甚至比拉丁文还要枯燥无味。达尔文上爱丁堡大学后，亲眼看到一些病人在经过治疗以后，仍然痛苦地死去了，而医生却在一旁束手无策；甚至，医院竟把许多交不起医疗费的病人拒之门外。对此，他不理解医学为什么不能减轻病人的痛苦；更不明白医学这样崇高的职业，为什么也被金钱所左右。

达尔文的天赋也非常不适合学医，他一看到病人流血就恶心呕吐。特别是在上大学二年级时，达尔文进过一次解剖室，解剖台上陈放的尸体虽经处理，仍旧发出难闻的气味，使他恶心不止。达尔文畏惧解剖尸体，而解剖学是医学方面最起码的专业知识。并且当他知道这些尸体都是在爱丁堡济贫院度过余生的穷人时，就再也无法忍受了。医院的日常工作使他厌恶。最使他反感的是做手术。在那个时代，做手术简直像做恶梦：病人的尖叫，满身血污，极度的痛苦……达尔文在手术室里上过两堂这种可怕的课就再也没有去过。此后，他对学医的选择渐渐地动摇了。他把自己的苦恼坦诚地告诉父亲以后，痛心疾首的父亲彻夜不眠，最后眼睛红红地告诉儿子说：“孩子，走你自己的路吧，我尊重你的选择。”

1827 年秋天，达尔文回到家里。父亲明白，这样下去，达尔文将一事无成，爱子如命又恨铁不成钢的老达尔文向多年的好友、纺织商人赫德先生求教。

赫德先生了解老达尔文十分倔强的脾气，也懒得同他长谈，于是从书架上抽出一本法国幻想小说《巨人传》给他看。老达尔文翻开书一瞧，气得胡子都翘了起来，原来题首的词语竟然是“随心所欲，各行其是”。赫德开导他说：“你不光要用你的手和嘴去教育孩子，最重要的是用你的心去接近孩子，聆听孩子灵魂深处的声音。我的老朋友，请忘掉你的年龄，同孩子交朋友吧。”

已经被孩子弄得心力交瘁、焦头烂额的老达尔文这时恍然大悟，他接受了老朋友的建议，决定彻底改变想法与态度，同孩子好好交一次朋友。可是，当老达尔文希望辅导孩子做功课或朗诵《格林童话》的时候，孩子却一溜烟儿跑得无影无踪，竟然逃到屋檐底下掏麻雀蛋去了。这种无法无天的情景气得老达尔文一甩手把《格林童话》扔出了窗外。

气急败坏的老达尔文又一次硬着头皮去找赫德先生。

望着老达尔文满脸恼怒的模样，赫德又开导说：“我们是做生意的，依照我们的规矩，只有倒霉的人，没有倒霉的货。教孩子也一样呀！没有糟糕的孩子，只有糟糕的父母。朋友，喂一只小狗小猫都得有长期的耐心呢，何况是培养一个活蹦乱跳的孩子。所以为人父母之道，一是有耐心，二是有灵感，你好好想一想吧。凭你的爱心找到孩子的兴趣，然后你才可能激发灵感。”

听了赫德先生的一番话之后，老达尔文茅塞顿开，为了孩子的前途，老达尔文毅然地做出了决定，他辞去了学校董事、医学公会秘书等等待遇优厚的兼职工作，腾出大量时间，同孩子呆在一起。孩子喜欢动物，老达尔文就带孩子上爱丁堡动物园游览；孩子喜欢野外生活，老达尔文就带着孩子到森林里野营，到河里捕鱼，甚至还同孩子一起兴致勃勃地养起了小动物。显然这种努力没有白费，孩子对父亲的抗拒心理和逆反心理逐渐被淡化、消融了，他开始把父亲当成最可信赖的朋友。

老父亲以牺牲祖业为代价的开明态度感动了达尔文，他又一

剑桥大学一景

次听从了父亲的忠告，报考了剑桥大学神学院。老父亲的理由极其简单：“孩子，读书是为了谋职，而神学院的学生特别容易找到工作，尤其是剑桥一类的名牌大学学生。”而且达尔文的舅舅乔赛亚·韦奇伍德也极力地开导他：“学好神学，当上了牧师，你对生物学的爱好还是可以坚持下去的。比如哥白尼、布鲁诺、康帕内拉、牛顿，还有剑桥大学教授塞奇威克都学习、研究过神学，有的还担任过圣职。不过我希望你像哥白尼、布鲁诺和康帕内拉那样，从神学走向科学；而不是像牛顿那样，从科学走向神学。”达尔文听说哥白尼、布鲁诺等伟人都学过神学，而且从神学走向了科学，心想自己也可以走这条路。

1828 年 1 月，达尔文正式进入剑桥大学基督学院学习。达尔文虽然从小热爱文学和科学，对神学没有什么兴趣，但他毕竟还是个阅历不深、知识不多的青年，加上无孔不入的神学势力的影响，达尔文一度又产生了做一位乡村牧师的想法。他仔细地阅读了约翰·皮尔逊的《论教义》、佩利的《基督教教义证验论》《自然神学》等神学著作。由于学习努力，达尔文在神学考试中竟然成绩优良，名列前茅。

然而，日久天长，达尔文在神学院的学业开始退步。他的兴趣特别广泛，先是迷上了打猎，后来又迷上了地质学和植物学，后来达尔文本人也承认说："在剑桥的三年是完全浪费了。"神学院的那种单调枯燥的学习内容，以及一日三次、天天重复的祷告仪式使他越来越厌烦。于是，他把大部分时间用在阅读自然科学书籍以及到野外采集标本的活动上，对神学的兴趣日趋淡薄了。

背景知识

剑桥大学简介

剑桥大学成立于1209年，最早是由一批为躲避殴斗而从牛津大学逃离出来的学者建立的。亨利三世国王在1231年授予剑

美丽的剑桥大学

桥教学垄断权。剑桥大学和牛津大学齐名，是英国的两所最优秀的大学，被合称为“Oxbridge”。是世界十大学府之一，其中有81位诺贝尔奖得主出自剑桥。剑桥大学还是英国的名校联盟“罗素集团”和欧洲的大学联盟科英布拉集团的成员。

剑桥大学所处的剑桥是一个拥有10万居民的英格兰小镇，距英国首都伦敦不到100公里，这个小镇有一条河流穿过，被命名为“剑河”（也译作“康河”），早在公元前43年，古罗马士兵就驻扎在剑河边，后来还在剑河上建起了一座大桥，这样，河名和桥名构成了剑桥这一地名。绝大多数的学院、研究所、图书馆和实验室都在这个镇上，此外还有20多所教堂。

美丽的剑桥大学一景

剑桥大学一共有31个学院，有三个女子学院、两个专门的研究生院，各学院历史背景不同，实行独特的学院制。风格各异的 35 所学院经济上自负盈亏；剑桥大学负责生源规划和教学工作，各学院内部录取步骤各异，每个学院在某种程度上就像一个微型大学，有自己的校规校纪。剑桥大学的第一所学院彼得学院于 1284 年建立，其他的学院在 14 和 15 世纪陆续建立。

剑桥大学的许多地方保留着中世纪以来的风貌，到处可见几百年来不断按原样精心维修的古城建筑，许多校舍的门廊、墙壁上仍然装饰着古朴庄严的塑像和印章，高大的染色玻璃窗像一幅幅瑰丽的画面。剑桥大学有教师（教授、副教授、讲师）1000 余名，另外还有 6000 余名访问学者。剑桥大学共有学生 16900 名，其中包括 6935 名研究生，72%的研究生来自其他大学，研究生中 42%是国外留学生，女生占 36%。大学校长为女王丈夫菲利普亲王（他同时兼任牛津大学校长），设一名常务副校长主持日常工作。

剑桥大学的学生参与多种业余活动，其中划船是最流行的体育运动。剑桥大学各学院间经常比赛，而且剑桥大学每年都会与牛津大学举行划船比赛。各学院间还举行其他各种体育比赛，包括橄榄球、板球、国际象棋等。

该大学在世界品牌实验室编制的 2006 年度《世界品牌 500 强》排行榜中名列第五十九。

与小动物的接触

达尔文小时候十分热爱大自然，他把大自然当成自己的课堂。达尔文每天都喜欢到树林里散步，呼吸一下新鲜空气。就是在休息的时候，他也不忘记科学研究，还要认真观察花草树木是怎么生长的，鸟兽虫鱼是怎样生活的。他有时也去掏鸟蛋，但这并不是淘气，他每次只掏一个，目的只是想看看鸟蛋是怎样孵出鸟来的。

1828 年的一天，达尔文又到树林里观察昆虫。他在一棵很粗很粗的大树上发现了两只昆虫，样子非常古怪，他从来也没有见过，就轻手轻脚地走近树旁，悄悄伸出两只手，紧张地屏住气，正好一手抓住一只。这时，忽然飞过来一只长着透明翅膀的黑色飞虫，他想伸出右手去抓，发觉右手有一只虫；赶忙又伸出左手，但左手也有一只虫。他实在舍不得扔下手中的虫子，而眼看那只飞虫就飞走了，他一时慌乱，一下子就把右手的虫子塞进了嘴里。

那只黑色虫子被他捉住了。这时达尔文的嘴里却又辣又苦，他还是紧闭着嘴唇，原来那只虫子不但能分泌一种苦涩辛辣的液体，还在他嘴里欢蹦乱跳地跳着舞。他这才想起口中的甲虫，于是张口把它吐到手里。然后，不顾口中的疼痛，得意洋洋地向市内的剑桥大学走去。后来，人们为了纪念他首先发现的这种甲虫，就把它命名为“达尔文”。

尽管达尔文常做些出人意料的事，但后来他的家人都非常支持他，从不干涉他。他们有时甚至帮他喂养那些他从大自然中找回的各种小动物。

有一次，达尔文在仰头观察时，发现树上有几只小鸟，为了不惊动它们，他一动不动地在树下站了很久，一只小松鼠大概以为他是一根木桩，顺着他的腿爬上了他的肩膀，左看看，右看看，还觉得挺好玩。树上的松鼠妈妈可急坏了，它叽叽地叫着，好像是警告小松鼠：“孩子快离开那儿，你看错了，那不是树桩是个人呀!”松鼠妈妈其实根本不用担心，因为达尔文非常爱各种小动物，绝不会伤害小松鼠的。

松　鼠

正是这样，达尔文不但体验到了融入大自然的乐趣，还发现了一些小动物的生活规律，因此得到了更多的资料。

第二篇　探索自然的奥秘

我既没有突出的理解力，也没有过人的机智。只是在觉察那些稍纵即逝的事物并对其进行精细观察的能力上，我可能在普通人之上。

——罗伯特·达尔文

伯乐的良好引导

在剑桥大学基督学院的几年里，达尔文学习神学浪费了他许多宝贵的时间，尽管如此，达尔文还是有很大的收获。因为在他上学期间，结识了许多著名的博物学家，参观了各种有关自然史的机构和其他许多博物学家集聚的地方，并且访问了皇家学院、林耐学会和动物园。他当时最大的兴趣仍是收集各种甲虫。当时达尔文创造出了一些收集昆虫的新方法：专门雇用一个人从老树上刮藓苔，再把刮下来的藓苔装进一只口袋里，或者是把运芦苇的驳船船底上的垃圾扫在一起。通过这些方法达尔文找到了一些罕见稀有的新品种。

然而，在上剑桥大学基督学院期间发生了对他“整个一生影响最大的一件事”，这就是结识了亨斯洛教授。

金凤蝶

剑桥大学同其他大学一样并没有什么区别，除了必修课外，还开设了一些公共课。例如，塞治威克教授的地质课，对于这一门课达尔文虽然很感兴趣，但是他却常去听亨斯洛的植物学课。亨斯洛是剑桥大学著名的矿物学和植物学教授。在亨斯洛的讲课中，他尤其喜欢老师清楚的叙述和美妙的图解。早在达尔文上剑桥大学之前，他的哥哥就评价当时才 32 岁的亨斯洛是一位知识非常渊博的植物学家。亨斯洛有时会带着学生和同事们一起去徒步旅行，他们会乘车或坐船顺流而下去比较远的地方。亨斯洛像孩子一样常和他们逗乐，他觉得那些怎么也捕捉不住金凤蝶的人，或对那些陷于沼泽地里的人特别好笑。有时候他会在旅行途中停下来，即兴就一些比较罕见的植物、动物或化石接连讲好几节课，亨斯洛这种征对性极强的形象以及直观的授课大大提升了学生们的兴趣和学习的效果。

在上剑桥大学期间，年轻的学生和年长的职员还要每周在亨斯洛那里聚会一次。这种使博物学家们碰面的聚会，在剑桥起到了与伦敦的那些科学协会一样的作用。这些无拘无束的集会，后来成为在剑桥建立的雷耶夫协会的核心。许多达尔文的同龄人以及那些比他年长许多的人都对他产生了好感，其原因就是达尔文有很多优点。大家都对他热爱自然的那种热情，特别是对他那活泼而又诚挚的性格和反应灵敏的大脑十分敬佩。这样，亨斯洛很快就和达尔文亲近起来，所以达尔文在剑桥的最后几年中，他们几乎每天都一道散步。难怪人们后来都这样谈论达尔文："他就是那个常同亨斯洛一道散步的人。"这种深厚的友谊对达尔文以后的人生起了不可磨灭的作用，它在一定程度上决定了达尔文后来进行的环球旅行。亨斯洛不仅乐意教授大家那些植物学、昆虫学、地质学、矿物学和化学方面的渊博知识，还能在精神上给达尔文以良好的引导作用。在亨斯洛那儿举行的植物学家的聚会上，达尔文又结识了许多学者、专家和知名人士，并从他们那儿学到了许多自然科学知识和科学考察的技能，所有的这些都对达尔文的成长起到了促进作用。

龙血树

在此期间，有两本书对达尔文产生了很大的影响，分别是天文学家约翰·赫瑟尔的《自然哲学的初步研究》和亚历山大·洪保德的《美洲旅行记》。

达尔文兴奋地读了这部旅行记的第一卷，书中对群岛和火山的艺术性的描写的确很精彩。书中还记述了长满海枣树、椰子树、龙血树的西海岸风景。亚历山大·洪保德用很多篇幅描写龙血树，说它青春永驻——每年都开花结果。

达尔文高度评价了亚历山大·洪保德的《旅行记》和上面提到的赫瑟尔的那本书，这两本书对他产生了巨大的影响。此外，他在一次游览中还给亨斯洛、拉姆塞和道兹读过洪保德对特纳里夫岛的描写，这段描写也是因为早些时候有人想去那里而详写的。达尔文说，他们只是说说而已，而他却是真心实意想去的。他曾经很想和一位伦敦商人认识，以便问他怎么去。

读完《旅行记》后，达尔文希望自己能够尽快见到龙血树，因为这种稀有树种对研究植物学有很大的作用。但由于种种原因，这项计划未能实现。

根据他的一位同学沃特金斯回忆，达尔文还对洪保德的热带雨林的描述大为赞赏，并和他就巴西风景和热带植物，如藤本植物和兰科植物以及其他植物进行了长时间有趣的交谈。

在亨斯洛的影响下，达尔文决定研究地质学。他甚至很难得地自制了一张彩色的什鲁斯伯里各地的地质图。他在一封信中描述了他研究英国地质学书籍的结论："使我感到惊讶的是，我们对地球结构的认识竟然这么肤浅。"亨斯洛很欣赏达尔文的敬业精神，所以请求地质学家塞治威克到北威尔士考察时带上达尔文。

达尔文自从结识了亨斯洛教授，他对科学的热情便再次迸发出来。不久，达尔文选修了亨斯洛教授的植物学课，亨斯洛教授经常带着学生去近郊采集标本，每学期还要长途步行到某种稀有植物的产地去采集标本，他把整个大自然当作课堂，把旅途中接触到的每一种新奇的动植物和每一块有特点的地层都当成教材，生动地向学生传授知识。事实表明：正是亨斯洛这样的"伯乐”，发现和培养了有志向、有才华的达尔文，使他成为伟大的科学家。

1831 年夏天，达尔文经亨斯洛教授介绍，跟随塞奇威克教授去北威尔士考察那里的古岩层。这次旅行使他学会了如何发掘和鉴定化石，掌握了如何理解一个地方的地质的科学方法。

起航前的准备

在 1831 年，达尔文从剑桥大学毕业。

1831 年 8 月，达尔文与地质学家亚当·塞奇威克一起外出度假，在威尔士徒步旅行，研究岩石的形成，寻找化石。8 月 29 日，当达尔文回到什鲁斯伯里的家里时，收到了两封信。一封来自亨斯洛，另一封信来自剑桥大学的一位科学家乔治·皮科克。两封来信都是邀请达尔文做一次环绕世界的旅行。皮科克的来信解释说，英国政府打算对南美洲的海岸线和一些太平洋岛屿做一次勘测，邀请皮科克推荐一个人作为随行的博物学家一起行动：在勘测船停靠的陆地上观察、记录和搜集任何有意义的东西。他已把这个要求转给了亨斯洛。

地质学教授亨斯洛得知这个消息以后，认为这是一桩广开眼界的美差，于是，他立刻向海军部推荐了自己的得意门生达尔文，并且获得了海军部的批准。亨斯洛在信中说：“‘贝格尔’

号的舰长费茨罗伊乐意让出自己房间的一部分给任何一位青年，只要他志愿自费担任‘贝格尔’舰航行期间的自然科学家。我认为，在我所认识的人中，您是在这方面最合适的人选。这次航行要延续两年，这对您是一个少有的机会。”

这项邀请使达尔文大为惊讶。为什么他们会邀请他这个在自然科学研究方面初出茅庐的新手呢？但是亨斯洛对这个问题也有答复。“贝格尔”号舰长费茨罗伊也是个年轻人，并不比达尔文本人大多少。他需要一群年龄与他相仿的朋友一起航行。

达尔文看了信后，对他的运气高兴得不知所措，他立刻想接受亨斯洛的建议。但是，多年来，达尔文医生一直试图支配他那任性倔强的儿子的生活道路。现在他所做的一切努力都因达尔文这一轻率的“贝格尔”号计划而受到威胁。经过与父亲周旋之后，最终的结果是他父亲对此表示坚决反对。父亲的反对意见是：航行对达尔文这个未来的牧师来说是不合适的。达尔文既没有航海的习惯，准备的时间又太短，还有，达尔文可能同费茨罗伊舰长合不来。不过他还附带说了一句：“要是你能够找到任何一位有识见的人，他劝告你去，那么我也将允许你去。”

达尔文的整个生活都处在他父亲的支配之下。即便如此，他仍然不忍心反抗。达尔文觉得父亲毕竟还是自己的父亲，如果自己不听从父亲的劝告，就会于心不安。于是，在当天晚上，年轻的达尔文悲伤地写信给亨斯洛谢绝了他的邀请，然后动身去拜访舅舅，并顺便去舅舅家所在的城镇打猎。因为猎取鹧鸪的季节即将到来，他不想失去开头几天猎取的好机会。

第二天一早，达尔文就到美尔堂的舅舅家，准备去打猎。出发前，他把亨斯洛来信的建议和自己的心情，告诉了舅舅乔赛亚·韦奇伍德。令他惊喜的是，乔赛亚舅舅的反应与他父亲完全不同。乔赛亚舅舅认定，“贝格尔”号之行是一次绝好的机会。于是舅舅要达尔文一起坐马车赶回什鲁斯伯里去同他父亲商谈，因为舅舅认为要达尔文接受建议随“贝格尔”号出海航行是明智的行为。而在达尔文父亲的心目中，舅舅便是世界上最有见识的人之一。

鹧 鸪

回到家里，达尔文向父亲表明了自己的想法，可是老父亲根本就不同意孩子放弃牧师职业而去干不务正业的事情。后来达尔文像朋友一样推心置腹地对父亲说：“我的志向是探求大自然的秘密，我愿意搏击风雨的人生，在同大自然的亲近中，必将找到终身的幸福。”达尔文医生发现，他面对的是苦苦哀求的儿子和喜欢支配人的内兄。达尔文的舅舅一开口，他父亲立刻就极其和蔼地表示同意达尔文去航海考察。达尔文觉得自己应说些什么来对父亲的许可表示感谢，让父亲能够放心，因此就安慰父亲说：“我要改掉在剑桥大学时挥金如土的毛病，上了‘贝格尔’舰以后，在花钱方面，一定要拿出神奇的本领来，决不超过父亲允许的定额。”可他父亲却付之一笑，反驳说：“可是他们大家都对我说过，你花钱的本领却很大哩!”

父亲不得不承认乔赛亚是一个“有常识的人”。他无法反驳乔赛亚的说法，于是再一次违背自己的意愿投了儿子的赞成票，同意让达尔文参加环绕世界的航行，并且说：“我不同意你的职业，但是我愿意尊重你的选择。”同时父亲还拿出自己的行囊，亲自替孩子收拾行李。

之后达尔文高兴地接受了“贝格尔”号的邀请。9 月 5 日，他到了伦敦，与“贝格尔”号的舰长罗伯特·费茨罗伊会面。费茨罗伊十分热情地接待了他，认为亨斯洛推荐达尔文来的确是再好不过了。

“贝格尔”号的船长费茨罗伊

费茨罗伊舰长在船上迎接达尔文，他矮矮的个子，黑黑的皮肤，长得很漂亮。他虽然才 23 岁，但已多次出海。在 1826~1830 年间，就曾乘坐这艘“贝格尔”号完成了对火地岛沿岸的勘察工作。

尽管在很久以后，当达尔文同费茨罗伊成了好朋友时，费茨罗伊才告诉他，由于他鼻子特殊的形状，他当时险些遭到谢绝。因为费茨罗伊是拉伐特尔的狂热信徒，因此费茨罗伊相信，根据一个人的面容相貌，就可以判断出他的性格。费茨罗伊怀疑一个具有像达尔文这种鼻子的人，能够有充分的精力和决心去航海。但是很快达尔文的热情和善良的天性完全赢得了舰长的好感。他当时显然是把自己的怀疑藏在心里，但立即同意了。

达尔文喜欢费茨罗伊那种彬彬有礼、热情而又坦率的作风。费茨罗伊告诉达尔文说，他最关心的是这次航行是需要长期风雨同舟的，要是他对自己的旅行感到不满意的话，这对他来说是不能接受的。

费茨罗伊告诉达尔文，达尔文可以随便拿自己的书籍去阅读，也可以使用自己船舱里的用具和武器。他还建议达尔文同他一起用餐，并预先告诉说，伙食很简单，没有酒喝。他认为事先有必要指出各种不方便的地方，免得日后抱怨。主要问题是，军舰很小，住处很挤。但他认为自己应该一个人住，他想给自己留一间舰长室。如果达尔文同意的话，那就达成了协议，如果不同意，那就只好分道扬镳。

接着，他们把话题转到了考察的航线和达尔文能从这次旅行中得到什么的问题上。费茨罗伊认为：他们肯定要经受许多考验和艰难险阻。不过达尔文根据亨斯洛的推荐，在伦敦请教了几位旅行家后，便开始忙于编制航海所必需的物品清单，忙于采购和运装这些物品。费茨罗伊劝他节约开支，东西尽量少带，只带最必需的衣服和其他东西。达尔文听从劝告，花5英镑买了一个望远镜和一个指南针。其余就要姐姐卡罗琳把他的几件衬衫、鞋子、一些西班牙文书籍、显微镜和旅行用的地质指南针等用包裹寄给他。

1831年10月时候，达尔文去参观了“贝格尔”号。这是一艘老式的二桅方帆军舰，它从上次航行回来时已破烂不堪，所以不得不对它重新改造。

这只船上用的材料都是最好的。现在还在修理，船员们正在忙着油漆船首部分和装修船舱。它的规模小得让达尔文感到惊讶。这是一艘排水量为235吨的军舰。他感到要把自己的身体放进这艘军舰，就得把所有的东西都包起来放进箱子里。但就是这艘小小的军舰确实不辱使命，在环球航行中不止一次地经受住了狂风暴雨的袭击。

上次同费茨罗伊一起出海的官兵们，都表示愿意再次同他一起出航。他的助手斯托克斯负责绘图，同他坐在一张大桌子旁，达尔文也将在这张桌子旁工作。舰上还有两个尉官：季·韦克姆和布·谢利万，一名医生，十名军官，一名水手长，四十二名水兵和八名少年见习水手。此外，还有一个专门看管仪表、天文钟和其他仪器的人，一名美术家和一名绘图员，一名曾去过火地岛的传教士，三名费茨罗伊上次航海时带到英国来的火地岛人。

很快，达尔文就同大家认识了。他有时同费茨罗伊在一起消磨时间，同他和水兵们一起用餐，有时同他们在一起做一些磁性观测。只有遇上阴雨绵绵的恶劣天气时，达尔文才呆在房里读点书。

11月12日，“贝格尔”号终于打理完毕，所有甲板都已清扫干净，各种物资都已收拾停当，一切都已准备就绪，“贝格尔”号随时可以起航了。

“贝格尔”号

可是，由于逆

风一个劲地刮个不停，起航的日期不得不一拖再拖。

几次延期虽然使达尔文心情忧郁，但另一方面却使他有充足的时间向那些有经验的人请教，使他从思想上到物质上都做好了必需的准备，弥补了他从家中赶来时行色匆匆、仓促准备的不足，以致他后来在航行途中的信中写道："我们在普利茅斯所经历的那一切遥遥无期的停留是极其幸运的，因为我认为在外出做自然史各方面的采集和观察工作的那些人之中，没有一个比我准备得更好的了。"

12 月 27 日，这天东风吹拂、阳光灿烂，"贝格尔"号就在这一天上午 11 点起锚出海了。于是，在克服了种种障碍和经历了苦苦等待之后，达尔文的环球航行终于开始了。

"贝格尔"号出海

在 22 岁时，达尔文以博物学专家的身份，自费登上"贝格尔号"旅行船，开始了漫长而又艰苦的环球考察活动。

"贝格尔"号以每小时 13~15 公里的速度飞速前进。达尔文算是平安地度过了第一个晚上。他同斯托克斯合住一个船舱，尽管光线很充足，除了舰长室外，可以说是最好的一个船舱了，但最大的缺点就是十分狭窄。绘图桌旁的那个狭窄过道是他工作、穿衣和睡觉的唯一的地方。那是刚够转身的一点空间。斯托克斯在这张绘图桌的另一端绘图。达尔文的吊床就在绘图桌的上面，另一端的上面是斯托克斯的吊床。

第二天，天气骤然起了变化，海面上涌起惊涛骇浪。在这种情况下，从未出过海的达尔文开始经受折磨与考验了。“扑通”一个浪头打来，船在波涛中一上一下地颠簸着。

达尔文头晕得厉害，吃下去的东西全吐了出来，胃痛得像被撕破了一样。

好心的水兵劝他躺下休息，可是达尔文却拿了一张网，一步一摇地走到甲板上，把它挂在船尾下面，收集大海里的小动物。船前行了一段时间，网兜里就装满了各种小动物。虽然对于甲板的卫生十分不利，但是达尔文还是把所有这些小动物都拖到了甲板上来。

因此，这些海里的小动物使负责管理船舱清洁和美观的韦尔姆上尉大为不满。他气恼地对达尔文说：“如果我是舰长的话，我早就把你和你那堆使人讨厌的‘垃圾’一起扔到海里去了。”由于只有像达尔文这样的博物学家，才会把这些玩意儿看作宝贝，并且去用心观察、分析和研究。为了不给他人带来不便，达尔文花了一整天来清理自己的捕获物。他在船里把这些动物制成标本，并用文字记录下来。他的头实在痛极了，只能一面写，一面用左手使劲按着自己的头部。

达尔文初次出海，因此晕船给他带来的呕吐是很难忍受的！但是，达尔文还是以惊人的毅力爬到桅顶，抓了一大把粘在风向旗旗布上的熔岩灰，然后径直往他的工作室跑去。

当舰长走进达尔文工作室的时候，只见他正在用显微镜仔细观察熔岩灰，嘴里不住地说道：“你来看啊，有许多小动物呢！

是南美洲吹来的……”他的一只手还在紧紧地按住头部。

当他们经过马德拉群岛时，达尔文甚至不能登上甲板去看一眼这个群岛。每当晕船特厉害的时候，达尔文要么躺在吊床上，阅读洪保德和其他旅行家描写热带自然风光的书；要么躺在舰长室的沙发上，同费茨罗伊谈话，以此来转移注意力。整整一周过去了，达尔文受到晕船带来的折磨终于消失了。

特内里费岛俯视图

几天以后，当“贝格尔”号驶近特内里费岛时，在浓云上空显露出来白色的山巅，大海和天气才起了明显的变化，“贝格尔”号向圣克鲁斯镇驶去，这个镇的许多白色小屋在火山岩的映衬下显现出来。突然，从圣克鲁斯驶来一只小船，小船上的一位执政官登上了“贝格尔”号的甲板。他宣布，现在欧洲有霍乱，“贝格尔”号必须进行12天隔离，在此之前，任何人都不准上岸。

听到这个消息之后，没有一个人不感到沮丧。因为这就意味着船上的所有人要无所事事地度过12天，这并不符合费茨罗伊舰长的性格，他马上下令张帆，向佛得角群岛驶去。

这使达尔文大失所望。就是到了第二天，达尔文还以恋恋不舍的目光送别他极其向往的目标——那历历在目的特内里费峰。不过使他快慰的是，天气变得晴朗平和了，热带的夜晚美丽无比，晕船之苦也没有再来缠绕他了。

去美洲的路途上，其他剩余路途是在风平浪静的海面上度过的。关怀备至的亨斯洛，曾建议达尔文在旅行中带上当时刚刚出版的赖尔的《地质学原理》第一卷。因此达尔文并没有闲着，而是安静地打开这本书读了起来。

背景知识

赖尔与《地质学原理》第一卷

1830 年 5 月 29 日，英国著名地质学家赖尔出版《地质学原理》第一卷，正式提出了地球演化的均变论。赖尔于 1816 年进入著名的牛津大学学习，20 岁起即开始地质考察活动，曾多次考察欧洲、美洲的地质。1826 年被选为英国皇家学会会员，四次被选为英国地质学会会长。

1864 年任英国科学促进协会主席。在《地质学原理》中，赖尔针对当时流行的地质变化的“灾变论”，用大量确凿的事实说明，地球地壳的变化，不是什么超自然力量或者巨大的灾变造成的，而是由于最平常的自然力，如风、雨、温度、水流、潮汐、冰川、火山、地震等等，在漫长的时间里逐渐形成的。例如岩石的侵蚀、堆积等是一个缓慢的、不引人注意的、长期积累的过程。

他提出，地壳上升或者下降是地球内力和外力相互作用的结果，岩石的结构差别是在长期历史中形成的。达尔文对赖尔的这部著作十分推崇，他赞叹说：“读完每一个字，我心中充满了钦佩之感。”赖尔治学十分严谨，这部著作于 1830 年开始出版，1833 年出版了第三卷，以后他又对《地质学原理》进行了反复的修订，在发行第十版时，许多章节几乎进行了重写。他的这部著作为近代地质学奠定了科学的理论基础，因此他被人们称为“近代地质学之父”。

1832 年 1 月 16 日，“贝格尔”号在佛得角群岛的一个四周荒芜的圣地亚哥岛停留下来。达尔文担心自己会对洪保德所描述的、他曾经为之赞叹不已的热带风光感到失望。这时，水兵们都考察海水的流向去了。达尔文和费茨罗伊派给他的助手背起背包，手拿地质锤，准备爬到山上去收集岩石标本。他们一上岸，走进长有罗望子、芭蕉树和棕榈树的河谷时，就听到了不熟识的鸟儿在啼鸣，看到了新奇的昆虫围绕着新开的花朵在飞舞。顿

佛得角一景

时，他感到这是对自己所经受的一切艰难和折磨最好的补偿。

一路上，达尔文把各式各样的石头敲下来放进背包，有黑色的、白色的，还有夹着一束花纹的。一会儿，背包便放满各种各样的石头，背包带深深地勒进达尔文的肉里，浑身上下都被汗水浸透了。

“达尔文先生，这些乱七八糟的石头，到底有什么用啊?”看着吃力向前爬行的达尔文，助手不解地问。

“你看，石头是有层次的，每层石头里有着不同的贝壳和海生动物的遗骨，它能告诉我们不同年代的生物，它们都是有价值的地质资料!”达尔文喘着粗气说道。

助手总算明白了一些，他十分佩服达尔文的钻研精神，赶忙从达尔文身上接过背包，背在自己的肩上，并且还替达尔文收集各种动物化石。

圣地亚哥俯瞰

当天夜里，达尔文都要把收集的石块贴上标签，写下收集的经过。因此，搞清楚圣地亚哥岛的地质情况并非那么困难。

在考察过程中，达尔文根据物种的变化，整日思考着一系列问题：自然界的奇花异树、人类万物究竟是怎么产生的？他们为什么会千变万化？彼此之间有什么联系？这些问题在脑海里越来越深刻，逐渐使他对神创论和物种不变论产生了怀疑。

达尔文把赖尔《地质学原理》的基本思想运用于圣地亚哥的地质考察上后，他认为赖尔的基本思想要比当时流行于美国的灾变论者们的地质学思想更为优越。当时他想，他将对他所要访问的各国地质情况都加以分类整理，并将其整理为一本书。这个想法使他高兴得手舞足蹈。

接下来一连三天，达尔文都在这个光秃秃的平原上四处游览。这里到处都布满着一堆堆晒焦的岩石。三天的游览使达尔文得到了极其丰富的收获。他已经被这新颖的热带大自然完全吸引住了，达尔文认为这三天的时间是十分长的，这三天给他留下了很深的印象。

“贝格尔”号走到费尔南多迪诺罗尼亚小岛旁。这是一个火山岛，有一些大约一千英尺高的山。岛上覆盖着一片几乎无法通行的密林，林中的各种树木，使达尔文感到十分惊异。轻巧的椰子树是任何一种欧洲树木所不能比拟的；香蕉树和芭蕉树简直同暖房中的完全一样；金合欢和罗望子的蓝色叶子让人吃惊；而那壮丽的柑桔树，无论是用语言描述，还是用画笔彩绘，都不能表达其中之美。温室中的植物具有一种不健康的绿色，而这里的树木则比葡萄牙月桂树的颜色还要深，那美丽姿态却远远超过了月桂树。椰子树、番瓜树、香蕉树、柑橘树都果实累累，而木兰、月桂等却是百花争艳。这里，天气热得很厉害。夜间，达尔文躺在吊床上，觉得就像躺在热气腾腾的澡盆里一样。

1832 年 2 月底，“贝格尔”舰到达巴西的第一站——巴伊亚，达尔文上岸考察。他走遍荒无人烟的热带森林，在好几里之内找不到一个人，这种安静的生活几乎是无法想象的。在森林的

巴西首都里约热内卢

某些地方，含羞草像几英寸厚的地毯一样覆盖着地面。达尔文从上面走过去，就留下了一行脚印，这是由于含羞草敏感的小叶闭合以及色彩变化而形成的。他收集了很多漂亮的陆生扁平软体多肠目的化石，并对昆虫进行了大量的研究，经常对其习性进行观察。许多热带大型蝶类引起了他的兴趣，有些蝶类可以双翅张开成平面，在陆地上奔跑，发出很大的噼啪声。由于达尔文对甲虫十分熟悉，所以他毫不费力地发现，里约热内卢附近的甲虫同美国的甲虫不是同一个科。他特别努力地收集这些小的品种，他认为，巴西的甲虫在美国昆虫学家的搜集品中，主要都是些大的品种。他还发现了许多直翅目、半翅目和针尾膜翅目的昆虫。有时候，达尔文因为发现一些以前从来没有见到过的昆虫习性而惊讶不已。

一次，他走进一座深山，看见几只黄蜂围着一只蜘蛛，把它螫得半死，然后把蜂卵产在蜘蛛的身体里。这些蜘蛛便成了黄蜂幼虫的点心了。达尔文看了黄蜂这种养育幼虫的特殊方法，大吃一惊，原来这个世界上的生物的繁衍生存方式还可以如此地奇妙。

4月1日，“贝格尔”号上所有的人都在开愚人节的玩笑。午夜时分，人们开始把所有穿着睡衣的人从下面叫到甲板上：叫来木匠是为了修理炉子，叫来甲板上的工匠，其借口是桅杆咔嚓直响，叫来海军练习生是要他们把风帆降低一些。大家在回到各自的吊床上时，有的骂，有的笑。对于愚弄达尔文，众人们想出了更合适的办法，他们投达尔文所好，跟达尔文开玩笑。谢利万喊道：“达尔文，您看见过逆戟鲸吗？现在出现这种动物了，您快点来看。”听到喊声，达尔文翻身从吊床上跳下来，一腔热情地向甲板上跑去，想看一看这个南方的海豚，但是，迎接他的却是值班人员发出来的哈哈大笑声。这时达尔文才恍然大悟，但也不过只是咧嘴地笑了笑。

达尔文一共用了将近两个星期的时间在巴西内地考察。他回到里约后，便把自己的东西从“贝格尔”号上运往博托福戈。在靠岸时，海浪从小船的头上冲了过去，此时达尔文的书籍、仪器和其他必需品全都漂了起来。不过，他只是受了点儿惊：虽然大部分东西下面都浸湿了，但什么东西也没有损失，他用了整整一天时间，才把这些东西晒干。他像往常一样花了好几天的时间来整理在巴西内地考察时所采集的东西和补写的日记。

在博托福戈住了两个半月，达尔文研究了里约四郊的自然界。他的房子位于海拔680多米以上的科尔科瓦多山麓上，科尔科瓦多山呈现陡峭的锥体形，通常在其半山腰处总是白云缭绕。达尔文白天考察和收集标本，或整理收集来的东西。傍晚，青蛙、蝉和蟋蟀在不停地演奏着协奏曲，达尔文细听着这些声音，或者观察某个萤火虫的飞舞，收集萤火虫的幼虫或对萤火虫进行实验。晚上，他就给自己的许多朋友写信，或者阅读科学考察的著作。

在热带地区，传染病一般很多。有一种“热病”，死亡率相当高，欧洲人从来没有见过，谁得了这个病，三四天内就要死去。不到半年，水兵中已经有三个死了。这是达尔文在热带所遇到的许多次可能发生的意外中的一次。

之后，“贝格尔”号在其他军舰鸣放的友好送别的礼炮声中，终于离开了到处都是处女林的热带地区，接着向南方气候温和的地带、以及覆盖着草本植物的海岸驶去。这次航行，惊涛骇浪和汹涌澎湃的大海再次使达尔文遭受到晕船的痛苦。但他们能有时观赏逆戟鲸，有时观赏口齿锋利的抹香鲸，有时观赏那被人们称为“开普小鸽子”的小海燕。

抹香鲸

十几天之后，“贝格尔”号驶进一个叫作里约德拉普拉塔的小海湾，这个海湾的水就像小河里的水那样平静，但是海水又红又脏。

7 月 26 日，“贝格尔”号舰停泊在蒙得维的亚海湾。刚一靠岸，达尔文赶紧在蒙得维的亚上岸，他已经迫不及待地想去了解当地的情况。他从城旁的一座小山顶一眼望去，只见那一望无际的绿色草原上，放牧着一群群牛羊。达尔文向那些从远处就能望见的辽阔的沙漠走去。

他问当地的高楚人："这里有什么特殊的动物和植物吗?"

高楚人想了一想说："这里的鸵鸟很奇怪，总是许多雌鸟集体下蛋，叫雄鸟去孵蛋，然后这些雌鸟再到别处去集体下蛋。"

于是，达尔文和他的助手走进无边无际的沙漠，花了好几天的时间去观看鸵鸟下蛋的情况。达尔文经过仔细的观察，终于弄清楚了。他高兴地对助手说："你看，雌鸵鸟三天下一个蛋，一次连续下十几个蛋，总共要一个多月。这里天热，隔一个多月，早下的蛋不是要臭掉吗？所以它们就集体下蛋，叫雄鸟去孵。"得知这样的现象之后，达尔文十分兴奋，因为，达尔文自己知道，他在这次考察过程中了解到了他以前并不知道的知识。

时隔几日之后，达尔文到蒙得维的亚远郊收集标本：在那里他打死了一只水豚，这只巨大的啮齿动物重 45 公斤，而且他还猎获了一些美丽的蛇和蜥蜴，收集了他所喜爱的甲虫。

达尔文及时地把他在巴西收集到的搜集品包装好，派人送到船上去。他把其中的一部分寄到了什鲁斯伯里的家里去，并把其中最重要的搜集品寄给了剑桥的亨斯洛。

九天后，"贝格尔"号离开了拉普拉塔，沿着海岸向南驶去，这样以便对海岸进行观察。可是进行勘察的好天气并没有持续多久，很快就变成了狂风暴雨的天气。大约一个星期，由于这种天气一直持续不止，所以无法进行测量工作，因此达尔文不得不返回蒙得维的亚。

9 月 22 日，达尔文一行在海湾周围航行。他们来到一个叫作彭塔阿尔塔的地方。这个地方虽然风景不太美丽，但天气却

蒙得维的亚

十分晴朗温和，海水也很平静。达尔文在这里发现了几个含有贝壳化石和骨化石的山岩。这些不寻常的化石引起了达尔文的注意。待他们刚刚返回到“贝格尔”号，天公不作美，开始下雨，还刮起了暴风。第二天，达尔文又设法来到离“贝格尔”号16公里远的彭塔阿尔塔，使他感到特别高兴的是，他在含石灰质少的岩石中挖掘出了一个大型动物的头骨。为了取出这个头骨，他花了差不多三个小时的时间，他发现了一个与犀牛很相似的动物颅骨。这使得达尔文十分惊喜。看来这是一个被列入古代有蹄类的箭齿兽的头骨。在天黑三个小时之后达尔文才把它弄到舰上。第三天，达尔文在原来的地方又发现了几个化石。但是，遗憾的是天气连续十天都很糟糕，达尔文不得不被迫停止手里的考察工作。

10月8日，刚吃过早饭，达尔文又兴致勃勃地出发去彭塔阿尔塔，到他曾经挖掘过遗骸的地方去考察。

这次他挖出了一个巨大的颌骨，并根据其牙齿确定为大懒兽。使他感到惊讶的是，树懒化石是在现在树懒生存的那个洲发现的，而颌骨则是从有现代贝壳的土层里挖掘出来的；所有这些发掘的化石都很充分地证明了赖尔的观点是正确的，而灾变论者的观点则是错误的。达尔文怀着兴奋的心情给亨斯洛写了一封信，信中他对这次的收集品，尤其是化石谈论了很多。并且达尔文把这些非常难得的搜集品寄给了亨斯洛。

10 月 28 日，“贝格尔”号带着几只小帆船，向火地岛开去，以便把费茨罗伊舰长的几名火地岛人送回故乡。这次航程的大部分时间都是风平浪静，天气很好，只不过刮了几次暴风和逆风，起了几次雾。暴风影响了达尔文的胃口，而逆风和雾则延缓了“贝格尔”号的航程。

“贝格尔”号经过了麦哲伦海峡入口处，继续向南行进。原先单调而荒凉的海岸现在却截然不同了。在海岸的高地上，有许多火地岛人烧起了烟火信号。平坦低岸地带的悬崖峭壁上，长满了灌木丛和树木，而后面则突兀着高大的雪山。经过考察可以看出这里原本是平坦的地带后来变换为了覆盖着深棕色森林的高山。

12 月 17 日，“贝格尔”号从东面绕过了东火地岛的顶端——圣迭戈角，后来停泊在一个有海湾的地方。火地岛是一块多山的土地，那里的悬崖上长满了茂密的森林，森林地带海拔高达 300 米～500 米，积雪地带约有 1000 米。在山毛榉构成的阴暗森林里漫步几乎是不可能的，因为森林里的地上堆满了大量腐烂的小叶植物，脚一踏上去就会陷下去。层峦叠嶂的群山给人一种神秘的巍峨感。这里的气候几乎是不断地刮风、下雨、降冰雹、飘雪花。甚至连空气也好像要比其他地方的空气更加阴沉似的。这些高山上的唯一居住者是原驼，它那尖锐的嘶叫声常常打破这里的寂静。

山毛榉

火地岛人的住房就是窝棚，几根树枝插进泥土，上面马马虎虎覆盖几束干草和芦苇，连兔子洞都不如，他们的生活还处在低级的发展阶段。他们蜷曲着身子睡在光地上。男人们“穿的”是几块小兽皮，刚刚可以遮盖住背部。这些兽皮用穿过胸部的绳子系着，并且随风飘动。在小船上打鱼的那些人，不管下雨还是下雪，全都赤身裸体。雪花落在抱着吃奶婴儿的赤身妇女身上就融化了。所有的人全都蓬头散发，动作放荡不羁，声音嘈杂不清。

水　獭

他们的主要食物是妇女们潜入水里在水底捕捞的贝壳，或者是钓到的鱼。他们还采集没有滋味的野果和蘑菇。如果他们找到一具鲸鱼的尸体或打死一头海豹，那么这就可以算是他们的节日了。狗常常给他们捕捉水獭，所以在饥饿时，他们可以把老年妇女杀死，却从不把狗打死。

当“贝格尔”号驶过的时候，他们坐在一座悬崖之巅上，周围是山毛榉构成的阴暗森林。当他们用双手在自己的头部周围野蛮地转动的时候，他们的长发飘动着，他们好像是另一个世界中激动不安的精灵。他们的样子既可怜、柔顺，又恐惧、惊慌。他们发出的声音含糊不清，喉音很重。不过，正如费茨罗伊的试验所表明的那样，火地岛人对于文明是能够接受的，而且表现出很大的才能。

达尔文还在火地岛上发现了两种奇特的蜥蜴。其中一种身长好几米，脚上长着能在水中游的蹼，这种蜥蜴可以游到离岸好几百米远的地方。达尔文把这种蜥蜴的胃剖开后，发现它们吃的全是海藻。另一种蜥蜴正好相反，它们的脚上没有蹼，不会游泳，只能在陆地上生活，并且跑得相当得快。这两种蜥蜴虽然共同生活在一片天空下，但却有着不同的生活习性。

有一次，达尔文到了一个群岛。他发现这里生活着大量的海龟，但有意思的是，每个小岛的海龟又各有不同。经过观察，达尔文认为它们与美洲大陆海龟可能是近亲。

地　雀

达尔文还在这个群岛上看到不同种类的地雀。它们的体形很相似，只是有的嘴又宽又扁，有的嘴又细又长，真是太有趣了！“是什么原因使它们的嘴各不相同呢?”达尔文在思索着这个问题的答案。

经过长期的考察与研究，达尔文总结出了一系列的看法，他认为：岛上的动物和美洲大陆的动物本来就是同类，后来因为种种特殊原因，它们被迫离开了大陆迁徙到了这片岛上。它们的生活习惯和面貌都发生了很大的变化来适应新的环境，这就是物种的变异；但它们仍然保存了一部分祖先的特性，这就是物种的遗传。

达尔文十分兴奋地把这个想法告诉了船长，船长听了不但没有对达尔文的这一想法表示任何赞许，反而很不高兴地说：“任何东西都是上帝创造的，上帝创造的东西是不会变化的！你难道敢怀疑上帝吗?”虽然达尔文听了这样的言语很失望，但他还是十分坚定地表示：“我更相信真理……”

背景知识

火地岛

火地岛是南美洲南端的群岛，也是拉丁美洲最大的岛屿。主岛火地岛又称大火地岛，隔麦哲伦海峡同南美大陆相望，面积 4.87 万平方公里。包括附近数百个小岛和岩礁在内的群岛，总面积约为 7.3 万平方公里，约 2/3 属智利，1/3 属阿根廷。主岛略呈三角形，西部和南部山地为安第斯山脉余脉，地面崎岖，海拔 1500 米~2000 米，最高峰约甘山高 2469 米。雪线高度仅 500 米~800 米，由现代冰川发育而成。东部和北部为平缓低地，海拔 180 米~600 米，覆盖着第四纪冰川沉积物和火山灰砾，有许多冰川湖和沼泽湿地，较大的是法尼亚诺湖。该地气候寒冷，年均气温低于10℃，多强劲风暴。西部受湿润西南风和地形影响，年降水量高达2000毫米~3000毫米；东部降水较少，年降水量不足500毫米。山区多森林，低地多为草原。

乌斯怀亚城（55° S、68° W）位于火地岛的最南端，是阿根廷火地岛的首府，于1884年建立，是世界上最靠南的城市。乌斯怀亚西南面有一系列的小岛，中间有条水道叫作贝格尔海峡，是太平洋和大西洋的分界线。乌斯怀亚扼海峡咽喉，东可去马尔维纳斯群岛，西可达大洋洲，南到南极洲，战略位置极为重要，因此火地岛是世界上除南极大陆以外的最南端的陆地，也是南美洲大陆最南端的岛屿。它位于南纬52°~56°之间，东临大西洋，西与太平洋相接，南隔德雷克海峡与南极大陆相望，北隔麦哲伦海峡与南美大陆毗邻，是智利和阿根廷两国最南端的领土。

火地岛地形多变。主岛北部大部分为冰川地形，以湖泊及冰

火地岛一景

碛为主，高度在180公尺以下，大西洋和麦哲伦海峡海岸地势低平。主岛西、南部及群岛为安第斯山脉的延伸，群峰海拔在2100公尺以上，如萨米恩托峰、达尔文峰等，并有高山冰川。夏凉冬冷，年降水量地区差异显著，智利德索拉西翁岛菲利克斯湾为4600毫米，阿根廷里约格兰德仅500毫米。南部和西部无遮蔽地带，仅有苔藓和矮木。主岛中部有落叶山毛榉林，北部平原覆盖着草本植物。

该岛原为印第安人奥那族、扬甘族和阿拉卡卢夫族的居住地。1520年10月，航海家麦哲伦发现了这个地方，于是他命名其海域为麦哲伦海峡，后来，他看到当地土著居民在岛上燃起的堆堆篝火，就将此岛命名为“火地岛”。1832~1836年间，英国生物学家查理·达尔文考察了火地岛，自此该岛名声大振。

火地岛的冰川风光别具一格。冰川奇形怪状，雪山重峦叠嶂，湖泊星罗棋布。最大的法尼亚诺冰川湖方圆数百平方公里。周围群山环抱、森林密布，湖水清且静，风光秀美。火地岛的夏天是最美的，白天长达近20个小时，半夜23时太阳才落入海面，凌晨4~5点钟，太阳又升起。由于岛上的动植物资源保存较好，岛上有不怕人的海豹和企鹅，有优良品种的羊和众多的野兔，茂盛的山毛榉树构成了森林的主体。在岛南面的贝格尔海峡一带，还时常有巨大、珍贵的蓝鲸出没。另外，火地岛的土著奥那族人的流浪式生活和风俗也独具特色。他们的房子非常简单，就是在地上插几根木棍，再搭上几张骆马皮。由于这里具有特殊的地域、神奇的自然和人文景观，因此，阿根廷于1960年在岛上建立了国家公园。

沿途美丽的风景

持续恶劣的天气使得“贝格尔”号只好向西继续驶去。1833年1月11日到达约克·明斯特尔山附近。但是由于大风暴的原因，使得“贝格尔”号只好退回到海上。由于接连着两天大风暴更加猛烈，因此，费茨罗伊舰长不得不放弃了原打算去美洲西岸的计划。

有一天，费茨罗伊船长决定经过贝格尔河再做一些采集工作，于是他就打算坐那三只捕鲸船和一只舢板去朋松布。这次共去了28个人，以一些小港湾为据点，沿着贝格尔河前进。途中见到许多高大的群山和茂密的原始森林。火地岛人和传教士决定在伏里阿港住下。他们盖起了房子，开辟了花园，并播下了种子。他们留下几个移民照看房子，其他一部分人返回到“贝格尔”号，另一部分人去贝格尔河西段考察。

探险队员们眼界大开，这里的风景十分美丽迷人，北边山区的两边都是高山，有一座叫作萨尔明托山，为了纪念达尔文，费茨罗伊将另一座命名为达尔文山。一条条小溪冲进小河，流经森林，而那些美丽的冰川也直耸在水面。山峰长年被积雪覆盖着，一座座冰川像山一样掉进水里，那腾起的浪花真能卷走好几条小船。但是，小船绕过浪尖仍能平安留在原地实在是太不容易了。探险队又回到了伏里阿港。根据达尔文在亨斯洛寄给他的《地质学原理》第二卷上的题词就完全可以推断有这么一回事。根据为达尔文写传的尚·沃尔德推测，达尔文是在火地岛读的这本书，并且这本分析物质的书为达尔文后来研究物种起源奠定了基础。在第二卷里，赖尔彻底分析了物种的变异性、遗传性以及由于外部条件而发生影响的一系列问题，批判了拉马克的进化论，提出了生存斗争，并且在最后阐述了他自己对物种更替的见解。

赖尔对进化论提出了不同的见解。在他看来，某些外界因素会影响物种，并且使物种发生变化，但是，无论怎样变化都有一定的界限。即使在人的干预下也没有用，例外只是偶然而已。所以他认为物种是存在于自然界的固定物，每个物种形成时就具备了自己的特征，物种起源时有一个祖先就够了，而且有一定的条件限制。赖尔还认为："当上帝创造人类时，已经规定了他们的环境和机体。"

当然，赖尔在这里只是批驳了生物界的成群创造论，但依然保留了上帝创造说的观点。并且赖尔引用了几个古生物资料来证明物种的不变性，后来他在自己的一封信中说，即使他某些时候口头上表示坚决支持进化论，但也决不赞同扎德、赫胥黎的非进化论的观点。他在《地质学原理》第二卷中坚信自己的研究成果，坚决反对进化论，并重申了物种是由创造者根据一定目的而创造的说法。

达尔文的思想也受到了赖尔《地质学原理》的影响。由于当时他也相信赖尔的观点，所以在旅途研究时还参考汲取了不少书上的知识。赖尔的这本书还让达尔文了解到了许多关于物种的问题，比如起源、变异等。但是达尔文对科学精确度的追求使他在自己研究的同时对赖尔的一些论断产生了怀疑，因为他发现物种都是在一定的限度内发生变异的。达尔文在彭塔阿尔塔进行研究时，就认为现代贫齿类与古生树懒科是有繁衍进化关系的。从此达尔文就开始把所有精力都放在研究物种的起源及变异问题上。

2月26日“贝格尔”号顶着恶劣的天气向福兰克群岛驶去。在抵达路易港之后，他们才得知许多殖民地国家现在都在物色以前的无人岛，而英国占尽先机，抢先占领了这些岛屿。尽管如此，英国住在这个岛屿的全部居民加起来却只有二十四个人。

在福兰克群岛，达尔文收集了一些稀有动物，比如田鹬。在此期间，他还进行了一系列的地质勘测活动。与此同时，由于一场飓风及其带来的暴风雨，使得“贝格尔”号以及其他一些在此停泊的船只都遭受了不同程度的损坏。

田　鹬

一艘名为“海豹捕猎者”号的小船，把火地岛飓风中受难船只上的人都带到这里来了，费茨罗伊船长给他们买了一只纵帆船，不久将被派往里奥内格罗做测量工作。随后“贝格尔”号也开往那里。

当“贝格尔”号停泊在马尔多纳多时，达尔文离开船搬到了市里。

达尔文十分了解马尔多纳多的飞禽走兽和爬行动物。

达尔文在那儿住了两个多月，不仅欣赏了那儿的自然风光，也做了不少测量研究工作。只有一些老朋友去的时候，他才会放下手头工作，才有闲暇的时间稍作休息。

在这里，还有许多为了挣几个小钱的孩子们，他们每天都给达尔文带来一些有趣的小东西。

水　豚

达尔文在这里捉了几只鹿，雄鹿身上有很强的气味，它们不怕骑马坐车的人，只怕步行的人。它们还会走到骑马人旁边表示友好，这是为什么呢？因为当地居民以马代步，鹿们已经习惯了。在这里，达尔文还观察了几种胆子特小的水豚，不过最令他兴奋的是，他们发现了一些吐科鼠，它们会像鼹鼠一样打地洞，发出可爱的哼哼声。

1833 年 6 月里，达尔文收到了几封家人的来信，这些信件让达尔文感到了一些慰藉，特别是父亲的来信让达尔文感到十分地激动。于是达尔文马上写了回信，在信中，达尔文把最近经过努力研究所获得的研究成果随同信件寄回家中，以期待父亲的支持与鼓励，让父亲对他的所作所为给予一定的认可。

6 月末，达尔文带着他这段时间收集来的全部的小动物，又来到了“贝格尔”号，开始整理自己从马尔多纳多得到的宝物，并对此做了简要说明。当他得知费茨罗伊舰长将绕过合恩角转向美洲西海岸去工作时，他感到很高兴。7月8日，“贝格尔”号离开马尔多纳多。在电闪雷鸣之中，他们向里奥内格罗驶去。

途中，达尔文离开“贝格尔”号，本想去布兰卡港，却来到了布宜诺斯艾利斯。稍作停留后，他又回到布兰卡港，并于8月24日在布兰卡港等来了“贝格尔”号。

次日，“贝格尔”号又向拉普拉诺驶去。达尔文则留了下来，步行去布宜诺斯艾利斯，在彭塔阿尔塔，他收集了许多化石。在这里，他挖掘出了不下五种贫齿类化石：大懒兽、磨齿兽等。正如古生物学家奥温后来所判断的那样：这些像大象或犀牛大小的动物，不能爬树，但它们能用后肢站起来，能靠大尾巴支持着身子，用前肢可以抱树，把树弄倒然后再去吃树叶。他还发现一只巨大犰狳的遗骸，其个头的庞大是南美洲的犰狳也无法与之相比拟。

犰　狳

在这儿，达尔文不仅找到了树懒科和犰狳化石，还挖到了许多现代贝壳以及与其接近的贝壳。

达尔文把一些自己认为与动物起源有关的化石一同编上号，并且送给了亨斯洛。经过对这些化石的研究，达尔文对其结果分析后认为，物种是可变的。这种观点也对赖尔的观点进行了驳斥，这些化石是反对赖尔观点的最好证据。

达尔文又列举出一些事实来证明拉马克关于各物种都有相互联系的正确性。

达尔文在这里认识了五种现代犰狳，其中有三种都分布在更远的南方，而另外一种是在布兰卡港以北的地方碰见的。因此，在从北到南的旅途中，他发现哺乳动物和鸟类的相似形态都是互相更替的。不过这些事实都是分散的、零星的，但是所有的这些都在他的《航海日记》里完整地反映了出来。

在对动物的研究中，达尔文发现每一种动物都有自己独特的自我保护方式。有一种叫作“莱达柯”的犰狳，它们长有三条能使自己蜷缩的带子，遇到危险时就缩成刺猬那样，使敌人不能向它攻击。而另一种犰狳会往地下逃，抓它一定要动作很敏捷、速度很快。他还见过那些色彩斑斓的蜥蜴，即使在沙滩上也不容易被发现，它们不但会装死，而且还会往地下逃窜。

这些动物也会通过冬眠克服寒冷。

在布宜诺斯艾利斯的时候，达尔文还去过一个绿草如茵的地方。当地居民告诉他，这里的生态平衡相当的完善、和谐：野草养活了家畜，而家畜粪便又滋养了这儿的野草。在这附近的瓜尔基亚，他发现了许多株如茴香这样在欧洲很普遍的植物，还发现了很多西班牙蓟，所以达尔文就此又证明了赖尔的一个观点：“人类活动是植物分类的一个重要原因。”

1833 年 9 月 10 日，达尔文又一次到达布宜斯艾利斯。19 日，他沿着巴拉那河到名菲镇去做一次旅行。在这里，达尔文又认识了鼠石，鼠石是主要的啮齿动物，它与小猫砂鹰是最好的朋友。鼠石通常把各样东西拖到洞口，对于鼠石这种奇怪行为的研究，人们得出的结论认为，它这样做是为了好辨认自己的洞穴。鼠石往南只分布到奥格罗，因为它们需要在黏土或沙土中挖洞穴。起初达尔文认为鼠石之所以这样分布，可能是因为其他地方没有鼠石生存的环境条件。但是在马尔多纳多附近符合鼠石生存环境条件的地方却根本看不到鼠石，因为乌拉圭是鼠石分布的终点。从这点看达尔文认为，动物种类是在特定环境下产生的观点是错误的。后来，他也时常想起这个观点。

之后，达尔文又到了圣菲巴雅达。然后在圣菲巴雅达呆了五天，在此期间，达尔文做了一些地质方面的研究。无疑这里原先是个淡水湾，因为河岸上有一些动物尸体，也就是说这里原来发生过地壳变动。他在这些尸体中发现了一只巨大的犰狳甲壳和箭齿象、柱齿象的牙齿以及一颗马牙。这次旅行中，达尔文听到过许多关于动物在大旱时期大量死亡的故事，这就是他为什么会一下子挖到这么多化石的原因。他还听说其他地区的动物大量死亡的事实：那时动物都找不到水喝，大旱之后的洪水又淹死了不少动物，于是一场大浩劫就使这么多动物的生命就此终结了。

鸬　鹈

10月12日，达尔文突然感到头痛，于是他只好乘一只小单桅船返回布宜诺斯艾利斯。他们路过树木繁茂的群岛时，有幸看见了许多美洲豹。这种动物在这里特别多，马、牛和人经常会成为它们的口中餐。听说，有一只美洲豹在教堂里咬死了两名牧师，后来还是由一个人从一个墙角爬进去开枪才打死它的。这些美洲豹能把树皮抠下来。达尔文不仅发现了它们的遗迹，而且还看到了一种叫作剪嘴鸟的鸟，这种鸟上嘴壳比下嘴壳大而且很窄，达尔文知道它是怎么像鸬鹚那样将小鱼从水中叼出来的了。

直到 10 月 20 日，他才到达巴拉那河岸，迎接“贝格尔”号，但他并没有一直等着。两个星期后他搭上了一艘邮船去往蒙得维的亚。在那儿找到“贝格尔”号时，他们已经打算把起航时间延长到 12 月，以便有足够时间勾画出海岸图。达尔文再次登岸，用两个星期到落梅塞德斯后，再返回蒙德的亚。

10 月 23 日，达尔文到达了科洛尼亚·德尔·萨克位明托，在附近的牧场里，达尔文遇到了一种像狮子狗那样的名为“尼阿塔”的牛。达尔文指出，在大旱期间这种牛很容易死掉。

从德塞德斯返回的途中，达尔文偶尔发现了一些古生物的残骸，还有这儿的一些地方名称，如兽河和巨兽山都充分表明了大量动物灭绝于此。

回到蒙德维的亚，达尔文又搬回到“贝格尔”上。他们又买了一条纵帆船——“埃尔文切尔”号，于 12 月 7 日往南朝巴塔尼亚方向驶去。

这次航行中，情况非常奇怪，有无数的白蝴蝶向他们扑面而来。海水附近可能有一个离哥连德角不远的淡水湖，所以达尔文在海里撒网时，不仅捕获到一些陆栖甲虫，还有一些淡水甲虫。

穿过麦哲伦海峡

不知不觉中，一年的时光又在船上度过了。由于不断地搜集和研究，达尔文对于物种起源这个问题研究得越来越透彻了。由于他发现了许多动物化石，以及对其他动物的分布、先前活动的痕迹的观察，使达尔文对赖尔的观点产生严重的怀疑。他继续坚持研究。当他还只会采集、收藏时，他就已经表现出对科学执著追求的精神，而现在作为成长起来的博物学家，他更学会了如何去研究、思考，达尔文的思想在此基础上变得逐步趋于成熟。

在南美洲，茂盛的热带森林让达尔文眼花缭乱、欣喜若狂。达尔文热爱自然界，现在他已来到鸟类、野兽、昆虫和植物的天堂。鸟儿在飞翔，动物在觅食，昆虫闪闪发光，空气中充满着奇特的、诱人的香味。这一切让达尔文心旷神怡。当“贝格尔”号进行它的勘测任务时，达尔文就会登岸待上几天，甚至几个星期从事他的观察和采集工作。每到一个停泊点，他就会产生阵阵快乐、兴奋和自由的感觉。

“贝格尔”号继续测量海岸，为了避免触礁和激浪的冲击，夜里该舰不是下锚，就是开往海上。1834 年 1 月 12 日，“贝格尔”号终于开进了一个良好而宽广的海湾圣胡利安港。达尔文和费茨罗伊把一部分水兵留在小船停泊处的岸上后，便和其余的水兵一起到这个地区的腹地去。可是这个地区特别荒凉，他们本来都已经累得疲倦不堪，带着工具和笨重双筒枪的费茨罗伊更是显得十分疲惫。到处都没有淡水，他们口渴得要命。他们登上一个小丘远眺，发现离他们很远的地方有两个闪闪发光的湖。然而大家都已累得筋疲力尽，都不敢到那里去。如果到那里去，发现看到的是两个盐湖的话，那么他们就会浑身无力而走不回来。达尔文认为自己在这些长途徒步跋涉中，比费茨罗伊和水兵们多接受到了些锻炼，于是，达尔文便自告奋勇地要单独去一趟，并约好：那里如果有水的话，就用信号通知留下的人。

费茨罗伊和水兵们不安地目送着达尔文，看到他走在地图上被人们称之为渴丘的丘巅之上，走下山丘来到一个湖边，可是他毫不停留地马上离开了这个湖，又走到另一个湖边，也同样没有停留就离开了这个湖。

大家从他那往回走时所迈的缓慢步伐就明白，眼前远处的两个貌似“湖”的地方都只是盐的沉积物而不是湖。

然而费茨罗伊就是在山丘上稍微休息后，也很难返回小船。所以，达尔文和水兵们只好留下一个来陪伴舰长，然后就匆忙往小船走去。达尔文是第一个到达的，他马上命令从原来留下的人中抽出几个人带着淡水去接费茨罗伊。虽然达尔文当时还不感觉特别累，可是到了第二天，他就浑身难受，之后便一直在床上躺了两天。

1834年1月末，费茨罗伊舰长、达尔文和水兵们分成两路，其中一部分人乘“贝格尔”号，另一部分人乘坐小船去勘探麦哲伦海峡。最后“贝格尔”号停泊在饥饿港。从这里可以望见火地岛最高的一座山，即离该港150公里外的萨尔明托山。达尔文在这些地方又可以对许多有趣的有关生物地理分布的情况进行观察了。麦哲伦海峡的两岸具有过渡的特性。在这里，巴塔哥尼亚的生物和火地岛的生物混合在一起共同生存着。平时每个地方的植物都很多，沿路的植物随处可见。

背景知识

麦哲伦海峡

麦哲伦海峡是南美洲大陆南端同火地岛等岛屿之间的海峡（西经71度零分，南纬54度零分）。16世纪，葡萄牙航海家麦哲伦自信地认为在此终有一条通往“南海”（太平洋）的航道。他于1519年9月20日率领一支船队开始航行。到达南美洲东海岸后，沿着海岸前进，在第二年10月21日进入他要寻找的海峡。经过一个多月的艰难航程，他战胜了死亡的威胁，终于在11月28日驶出海峡，进入风平浪静的太平洋，为第一次环球航行开辟了胜利的航道。后人为了纪念麦哲伦对航海事业所作出的贡献，便把这段海峡称为麦哲伦海峡。

麦哲伦海峡

麦哲伦海峡峡湾曲折，是连接南大西洋和南太平洋的通道。其风大流急，航行十分困难。其水道曲折迂回，且寒冷多雾，在建成巴拿马运河前为重要的海上行线。

麦哲伦海峡东端与阿根廷相接，其余部分全在智利领海内。东起大西洋畔的维尔赫纳斯角与圣埃斯皮里图角，西至德索拉西翁岛皮勒角抵太平洋。海峡主要港口阿雷纳斯角在伯伦瑞克半岛，是智利羊肉集运港。

麦哲伦海峡由地壳断裂下陷而成，海峡内多大风暴，是世界上风浪最猛烈的水域之一。麦哲伦海峡东连大西洋，西通太平洋，东西长580公里，南北宽3.3公里~33公里。海峡被中部的弗罗厄得角分成东西两段。西段海峡曲折狭窄，入口处宽度48公里，最窄处仅3.3公里，水较深，最深处达1170米。两侧岩岸陡峭、高耸入云，每到冬季，巨大冰川悬挂在岩壁上，景象十分壮观，每逢崩落的冰块掉入海中，会发出雷鸣般巨响并威胁船只的航行。东段开阔且水浅，主航道最浅处只有20米，两岸是绿草如茵的草原景观。

麦哲伦海峡西部航段长年大风，涌浪和风向基本一致。海峡东部每年9月中旬至来年3月盛行西南风，10月至11月份风力较大，通常是早晨起风，下午随日落风力逐渐减弱。西部风力总是大于东部风力，太平洋入口的风浪一般要大于东部大西洋入口的风浪，经常高达9~11级，不利于航行。冬季通过时，海峡内宽阔水域的风力有时高达7~8级，受岸形遮挡的影响，涌浪不是很大。

海峡内没有明显的雾季，西部航段几乎常年视距良好，只是冬季下雪时会有短时间内视距较差。东部区域在每年4~5月份部分航段有雾产生，常见于第一狭水道和第二狭水道区域，其他季节少有雾天形成。麦哲伦海峡潮流的流向和流速在不同的航段不尽相同。主航道内的流向受潮水影响一般沿着航道非东即西，但有河口交叉的航段流向多变，航经此类航段时要注意流压差影响。在太平洋入口至纬度 72° 之间的西部航段几乎全年盛行东向流，流速受当地风力和海流影响一般在 1~2 节之间，落潮时虽有西向流产生，通常被东向海流抵消而表现为东向流。中部航段流速一般在 1.5 节左右，流向受潮水和分支河道的影响而变化。东部航段流速变化较大，特别是在第一狭水道和第二狭水道航段流速可高达 7~8 节，在涨潮时为西向流，落潮时为东向流。

接着，达尔文登上海拔 600 米左右的塔尔恩山。倾盆大雨连续下了三天，山上的树木是这样的茂密，虽然海峡里暴风怒号，这里的树叶却一动不动。堆满了大量腐烂树干的深沟与河谷使人望而生畏。脚一踏在这些树干上就陷到膝盖处，旅行者经常滑倒，有时他们想靠一下某些树干，但是轻轻一碰就会变得粉碎。最后树木愈来愈矮小，到山顶上就光秃秃的什么也没有了。山巅周围是些不规则的山脉，上面点缀着片片雪迹，下面有绿里透黄的河谷和大海支流。这里刮着刺骨的寒风，而空气却充满了雾气。上山容易下山难，达尔文一行在下山的时候非常不容易，由于路体光滑，因此他们经常被滑倒。

“贝格尔”号离开麦哲伦海峡返回后，又向南拐，继续测量东火地岛的东岸，这次测量终于完成了。达尔文在圣塞瓦斯蒂安港看见了一幅壮丽的景象：无数条口内有齿的抹香鲸正在嬉戏，全身跳出水面后，再倒身扣打下去，发出巨大的拍水声，这种声音很像大炮的发射声。

“贝格尔”号在绕过位于东火地岛东南端的圣地亚哥角时，陷入了一个非常大而又危险的漩涡，没有风，南来的浪把船冲往塔腾群岛的西端，之后又把该船冲往该群岛的东岸。因此，“贝格尔”号只好从这里又向火地岛南面的一些小岛驶去，并停泊在武拉斯吞岛。达尔文以前在这里就曾碰见过最可怜的火地岛人。这些部落甚至都没有首领，每个部落都仇视邻近的部落，他们相互之间都为一片荒无人烟的地带或中立地区所隔离，两个部落彼此都竭力争夺那些少得可怜的生活资料，即悬崖下和海岸上的贝壳、鱼类和海豹。他们的主要财产是独木船。自从欧洲人认识了火地岛人以后的二百至三百年间，这种独木船还是老样子。同处于最不开化的原始状态的人的多次会见，当时大概就使达尔文追溯到许多世纪以前，并且他问自己：“难道我们的祖先也是这个样子吗？我们对于他们的手势和表情动作的了解，还不如对家畜的了解。”后来达尔文明白，他们是这样的人：虽然未被赋予动物的本能，但是看来人的智慧，至少说由智慧所产生的活动，在他们身上并不存在多少。

2 月 26 日，“贝格尔”号进入贝格尔河，费茨罗伊前些年就曾乘坐小船沿着这条河旅行过。这一次，“贝格尔”号在航行中熟练地顶着西风迂回行驶，艰难地通过了这条河。火地岛人一边不停地重复喊着“雅密尔舒纳尔”，一边进行着交换，用鱼和蟹来换取一些破布条。

3 月初的一天，天气特别晴好，达尔文和费茨罗伊利用这个好天气，最后一次参观了朋松布海峡的北部，也参观了伏里阿海港。他们的熟人琴米乘坐着一只挂着一面小旗的独木船向他们驶来。他怀着平常那种温和的心情，把两张水獭皮送给了自己的英国朋友，还把他亲手做成的几个矛头和箭头送给了舰长。当“贝格尔”号向着大海驶去的时候，琴米就在沿岸的一个山冈上燃起一堆火，来表达对达尔文和费茨罗伊的送别之情。

年轻时的达尔文

3月10日，“贝格尔”号又停泊在福克兰群岛附近的巴尔克里湾。达尔文在这里仍然顽强地、毫不动摇地继续进行自己的博物学家的工作。

六天之后，达尔文对环绕着这个岛的部分地方进行了一次考察，与其同行的还有两名高楚人。不管是寒冷的天气，还是夹杂着冰雹的暴风雨，也不管是只有一些很少的地质意义的不毛之地，都无法阻止达尔文继续考察的坚定信念。在旅途中经常碰见一小群大雁和田鹬。而野牛和从前法国人运到这里来的马匹，却吸引住了达尔文的主要注意力。他专注地观察着高楚人灵敏的动作，他们熟练地往野牛脖子上投套索，向野牛后腿的主腱上用刀一刺，使它不能再迅速地向前奔跑，刹那间就把刀刺入野牛脊髓的顶端，然后就把野牛杀死。达尔文和高楚人一起吃野牛肉，为了不使一滴肉汁流失，他们连皮烧烤。因为这个岛上的人通常是把容易对付的母牛杀死吃肉，所以这里就出现了大量野公牛，它们常常向人和马猛冲过来，或许这些野公牛的凶猛行为是为了替野母牛报仇的吧！

达尔文指出，非常值得一提的是，在福克兰群岛上，变得凶猛了的牛不断繁殖增多，而且具有健壮结实的特点；与其形成鲜明对比的是：一群群野马却在不断地退化，它们个子长得不大，许多野马都害有跛脚病，所以小马经常死掉。达尔文认为马的跛脚是由蹄子变长所造成的。至于小马的死亡，他认为是由于公马强迫母马抛弃小马而造成的。从变野了的家畜的研究可以看出，有一些类型的生物比其他一些类型的生物更能适应新的生存条件。达尔文还特别注意到，这里的野牛一共有三种毛色。

对上面两种事实的观察与研究之后，达尔文提出了关于物种的问题以及关于难于辨别本种与变种的问题。在引进（外地运来）的和福克兰群岛上野生的动物中，有一种家兔，它的分布情况像野马一样，只局限于该岛的东部。达尔文知道，居维叶把另一些法国博物学家曾认为是变种的那些黑兔中的品种，看作是一种单独的品种。达尔文向高楚人详细打听后才得知，黑兔和灰兔的分布情况是一样的，它们栖息在一起，相互交配，并生育出杂色后代。关于物种的这个问题，在福克兰东西两岛上都分布着当地唯一最大的哺乳动物“狼形狐”也出现了这样的情形。这是一种好奇的、肆无忌惮的野兽，它能钻进帐篷里，甚至能把放在睡觉的人头下面的肉拖走。费茨罗伊舰长坚持说，这是一种叫作南美洲狐的变种，它可能是在某些漂浮的树干上被水流冲到福克兰群岛上来的。但是，据达尔文观察，这种特殊的狐狸只有在福克兰群岛才有。

本次考察是十分艰苦的，因为在一开始就遭遇了几场夹杂着冰雹和雪的大雨，但是毕竟高楚人本领高强，对这种环境的适应能力相对较强，高楚人能在毫无防风措施的地方把火吹旺，燃起篝火。后来虽然天气暖和起来，可马却开始经常滑倒，达尔文的马就曾滑倒了十二次。于是，在这样难以前行的情况下，达尔文一行不得不涉水经过海湾，而这里的水淹到了马背处。

风掀起的细小浪花，使他们的衣服更湿了，所以当他们回到家时，全身都湿透了，冻得直发抖。

4 月 7 日，“贝格尔”号起锚，又向巴塔哥尼亚驶去。费茨罗伊舰长想修理一下“贝格尔”号，因为“贝格尔”号在宽阔的希望港撞上了暗礁，被刮掉了一块铜皮，同时他打算乘小船考察一下不太为人所知的圣克鲁斯河。

巴塔哥尼亚一景

4 月 13 日，“贝格尔”号在该河河口里靠岸。大清早，一场大风席卷而来，达尔文他们费了很大的周折才上了岸。“贝格尔”号在岸边被碰碎的危险特别大，它好不容易避免了这种危险才驶进港里。三天之后，船被拖上岸来。他们发现船的损坏并不那么严重，假龙骨被刮断了几米。在两次涨潮之间很快就修好了，随后他们把“贝格尔”号重新放下水去，又把它系在岸边。

4 月 18 日，费茨罗伊舰长带领着 25 名船员一起乘坐三只捕鲸船，动身沿圣克鲁斯河上流对该河进行考察。第一次，捕鲸船趁大涨潮之机，逆流而上。晚上，他们就已经行驶到了涨潮区以外的河面。河面宽约三四百米，河中心的深度为 5 米多。这条河流环行于其间的河谷宽达 16 公里，像台阶一样的阶地相互对称地分布在河谷两岸。因为河水湍急，无论用桨还是张帆都不能逆流而上，于是他们只好把三只船首尾相连地系在一起，把人分成两批拉起纤来。日落后，他们就宿营在一片灌木丛旁。每只船上的军官和船员都住在一个帐篷里，吃一样的食物。这样一来，他们每天只走 16~20 公里，有时稍微多一点。河谷里到处是光秃秃的沙漠，沙漠上稀稀拉拉地长着一些毫无生气的植物和带刺的灌木。沿途碰见了许多脖子脱了臼和骨折了的羊驼，这是在兀鹰和白兀鹫的助威下，美洲狮捕猎羊驼留下的痕迹。灌木丛中有许多经常受到小狐狸追逐的小鼠，它们长着一对大耳朵和一身软毛。

秃　鹰

4 月 26 日，达尔文一行发现这里有了新的情况，这里的地质情况开始发生变化。稀疏的小玄武岩砾石没有了，出现的是更坚硬的石块，然后是一整座玄武岩地台，河水就是穿过这种玄武岩块流动的。玄武岩的厚度显著增大。达尔文认定，河水是在海底上升到地面后，在原来海湾的地方，为自己开辟一条通道的。

“贝格尔”号的船员们接着就进入了隘口地区，在这里有几个罕见的喷泉。河流逐渐变窄了，拖拉船只的劳动愈来愈艰苦。河岸附近陡峭的悬崖上有大量兀鹰，这是一些巨大的猛禽，它们的翅膀从一端到另一端几乎有两米半长。

29日，科迪勒拉山脉的一群雪峰出现在地平线上，开始时，达尔文遇到了大量的斑岩砾石。达尔文根据地质情况的考察，认为：从前这里可能是大海，当时这些斑岩砾石就在浮动的冰块上被冲来了。

5月5日，他们开始返回，由于他们是顺流而下，经过的地方都特别凄凉和寂寞，所以并没有什么值得回忆的事情发生，这次返回途中用了三天的时间。

“贝格尔”号对南美洲东岸的旷日持久的测量工作终于结束了。“贝格尔”号再次出海，经麦哲伦海峡向西岸驶去。这是一个狂风暴雨的天气，达

南美洲

尔文由于害病而备受煎熬。

6 月 8 日，“贝格尔”号驶进了不久前发现的马格尔累纳河，并经马格尔累纳河来到塔尔纳角，那里的岩石、冰、雪、风、水令人望而生畏，不过到了早晨，覆盖着一层雪的萨尔明托山的壮丽景象又显露出来，山麓下有着一片片阴森的树林和一条条通向海边的冰川。“贝格尔”号沿着狭窄的海峡迂回行驶，于6月10日从两大悬崖——东符里岛和西符里岛之间进入太平洋。这里海岸的形状，使住在陆地上的人只要看到它，整个星期都会想到翻船、危险和死亡，从而使人变得忧心忡忡、焦虑不安。达尔文也正是带着这种印象与火地岛永别的。

6 月 28 日，“贝格尔”号在奇洛埃岛上的圣卡尔洛斯港湾落了脚。奇洛埃是一个山峦起伏的大岛，到处被密林覆盖着，生长有常绿树木和热带植物，经常有海风刮来，并带来大量的雨

奇洛埃岛一景

水。岛上和睦而又勤劳的居民是由具有印第安人血统的混血人种组成的，他们使用最原始的工具来开垦土地和磨碎粮食。鱼、马铃薯和猪肉是岛上的主要食物，居民们栖身于清除掉树林的海岸上。圣卡尔洛斯是一个居住很分散的小村庄，村中房屋的四壁和屋顶都是用松木板构造而成的。

7 月 14 日，“贝格尔”号离开了这个潮湿多雨的地方，向智利的主要海港瓦尔帕莱索驶去，7 月 23 日到达该港，并停泊在那里。在离开火地岛和奇洛埃海岛之后，达尔文对瓦尔帕莱索的气候大为赞赏。其城市也很美，它坐落在一排特别鲜艳的红土壤大山丘的山麓旁，由一条长街组成。远处显现出山峦起伏的科迪勒拉山脉的轮廓和圆锥形的阿空加瓜火山。达尔文在这里遇见了老同学和老朋友理查德·科尔菲德，因此感到万分高兴，并且达尔文就在他家借宿。

1834 年 6 月 24 日，达尔文在给亨斯洛的信中说：“在南方雾气弥漫的阴沉气候里长期航行之后，呼吸清新的干燥空气，享受美好的暖和天气，品尝有味的新鲜煎牛肉，乃是人生最大的幸福。”不难看出，在艰难的海上奔波之后，只要能够稍事休息一下，达尔文对此就已经感到心满意足了。他也对以前故乡、朋友和剑桥自由自在的生活非常怀念。

像以前一样，达尔文还是期待得到他的挚友、博物学问题方面的导师亨斯洛对他的搜集工作给予有益的建议和批评。达尔文将所搜集的全部搜集物都给他寄去了。亨斯洛的住所成了这些收集物的“大本营”。但是，由于条件不是很便利，“贝格尔”号经常航行且难于事先知道停泊地点和时间，因此达尔文有时候一年的时间也收不到亨斯洛的回信，有时甚至会更长些。达尔文特

水 母

别焦急地等待着亨斯洛对他在 1832 年 8 月从蒙得维的亚寄去的有关他的搜集物的一些询问的回信。亨斯洛是怎样看待达尔文的搜集物呢？亨斯洛会不会说他所搜集的搜集物太少了呢？而他却在大量研究地质学，并试图弄到圣地亚哥的每一种不同的岩石标本！有时他会尝试在炎热的太阳下搬来更多的岩石！而“当他一无所知的时候”，他该怎样在热带森林中对陌生的植物进行采选呢？他与其说关心所搜集的动物形态标本的数量，不如说是关心把标本保存得更好些。标出并记下标本的自然形态和颜色，而不局限于采集的时间与地点。他这样做是否对呢？同年 11 月，当他把搜集物连同一些珍贵的化石标本从布兰卡寄给亨斯洛后，他在给亨斯洛的信中写道：“我急于知道这些东西的处境，并急于听到对寄去的东西的数量和种类的各种评论。”

后来，达尔文提出的这些非常重要的问题在十八个月后才得到答复。亨斯洛在 1833 年 5 月 15 日写了回信，达尔文于 1834 年 7 月 24 日才收到，而且是在瓦尔帕莱索同亨斯洛于 1833 年

12月15日发出的另一封信一起收到的。达尔文总是不大相信自己的能力。由于这么长时间没有收到回信，一切全靠自己处理，于是就想象，也可能是由于自己给亨斯洛所提供的资料非常有限，因此，在短时间内，亨斯洛是很难快速给出合理的答案的。

有一次，达尔文在瓦尔帕莱索一下就收到亨斯洛的两封信，此时达尔文兴奋不已！显然，亨斯洛对达尔文的收集物所给出的评语特别好，这使得达尔文的荣誉感达到了最高峰。当然，亨斯洛建议他把自己的搜集物的复制品寄来。达尔文虽然意识到这个意见是正确的，但是他辩白说，他在海上经常患晕船病，只有在特别好的天气里才安然无恙，所以不能工作太久。他写信告诉亨斯洛说："我的笔记篇幅已很大，四大开的纸我都写满了，有600页左右：一半是地质学，另一半是对动物不完善的记录。对于动物，我照例描绘了那些泡在酒精里保存起来的标本中无法看到的部分或事实。"

和以前一样，达尔文在这封信中也同亨斯洛交换对动物的各种各样的看法。这些看法就是：关于他们以前未见过的长着摇晃的鸟头和迅速移动的长线状物的苔藓动物的类型；关于他们在热带潮湿土壤中发现的涂有鲜艳色彩的陆生真涡虫；关于他原来认为是水母，而实际上是一种结构极为复杂、"无法归入任何一个现存的目类"的浮游动物科等等。这些情况是与地质考察、对自己考察的叙述、对未来的展望以及对收集物包裹的命运的关心，杂乱无章地交替出现。达尔文给导师写信说："我在这封信中向您表达了相当大一部分利己主义，但您会想起来，在博物学方面，我把您视为我的父亲，而儿子是要向父亲诉说自己的情况的……"

攀登安第斯山

达尔文有时是在远行的途中，有时是在瓦尔帕莱索郊区，对许多的植物进行了多次考察。极好的天气使他觉得很幸运。当然，由于这里经常刮南风，而不刮海风，所以就决定了这里的植物很贫乏；虽然盛开着许多散发浓郁芬芳的花朵，但昆虫和鸟儿却很少。

1834 年 8 月 14 日，达尔文向安第斯山脉出发，打算在那里对其地质结构进行考察。在出发前，他向费茨罗伊提出自己的打算："舰长，我想攀登安第斯山脉，请您批准!"费茨罗伊听了摇摇头说："这个山脉，山连山，峰连峰，一共有 5500 英里长呢！它的最高峰有 22800 英尺高，你怎么闯得过去?"

达尔文坚定地握着双拳，表达了自己的决心："我从来不会跟着任何人的足迹走，我要走前人没有走过的路!"费茨罗伊被达尔文的热情所感动，给他派了两个向导、十头骡子和一匹马，组成一个登山队。

当他们爬到 4000 多米的高山时，达尔文发现了贝壳的化石。贝壳是海底动物，怎么会到高山上来呢？达尔文经过反复推敲，终于明确了地壳升降的道理，他明白，在他脚下的这座高峰原本是一片汪洋大海。

由于大气压的变化，越往上登高，空气愈来愈稀薄，气候愈来愈冷。每走一步，就要喘一口大气。但是，最让人苦恼的是东西煮不熟，烧了半天，水还是温的、土豆还是生的，但水已经化为蒸汽，烧干了。就这样，他们忍受着难以想象的困难，一直坚持到登上了安第斯山的顶峰。

达尔文在顶峰上高兴地遥望着苍茫的大地。这时，他又掏出笔记本来，记录着新的发现。原来，山脉的两边，植物的种类并不相同：即使是同一种类，样子又相去甚远。这是为什么？一个新的理论假设，倏忽跃进了达尔文的大脑：物种不是一成不变的，而是随着客观条件的不同而相应变异的！

达尔文在通往基尔奥塔河谷的归途中，翻过了契里考昆山山脉，那里溪水旁的沟壑上长着许多常绿植物，从山巅之上俯瞰基尔奥塔河谷，它坐落在一群光秃秃的高山之中，景致美丽如画，还有橙子树和橄榄树果园。达尔文翻过了契里考昆山，就住在钟山的山麓之下。

智利一景

智利的海岸与科迪勒拉山脉间的地带，被几条与主脉相平行的小山脉分割开来。在这些山与山之间的一些窄狭平坦的盆地里，也有一些重要城市，横向的平坦的河谷原来都是海。这里的盆地和河谷的外貌当时与火地岛的地质相似，也有大量的海峡、河渠、海港和海湾。许多急流流入大海，使智利平原变得特别肥沃：那里种植着小麦和玉米，果园里栽培着桃树、无花果和葡萄。

8 月 16 日，达尔文在一名向导的陪同下，找了几匹强壮的马匹，登上了海拔约 1820 米高的钟山。钟山南坡上长着一片竹林和一些与众不同的棕榈树，树身很粗，最粗的地方是树高的一半。居民们所食用的糖浆大部分是来源于这些棕榈树的树汁。

晚上，达尔文和同伴在河旁的最高处宿营，天气非常晴朗，空气洁净，在 13 公里之内，可以看见停泊在瓦尔帕莱索湾的船只上的一根根桅杆，恰似一条条细线。翌日早晨，他们到达山顶，在那里呆了整整一天，向山巅之西眺望，便可看到智利。智利就像呈现在地图上那样清楚，往山巅之东眺望，便可看到安第斯山脉，该山脉有一个相当平直的山脊，在雪线的左边向前延伸，只是有时被一个个孤立的圆锥形的火山所中断。

8 月 18 日，达尔文下山，穿过靠近基尔奥塔和圣费利佩这两个小城市的美丽如画的河谷，继续往前走。第二天晚上，他到达位于主要山脉侧面的哈胡耶尔铜矿场，之后，他们在那里逗留了五天。

在此之前，智利国家开采矿藏的方法是十分原始的。在达尔文访问之前，外国人曾对此作了两项根本改进：一是从炼过矿的熔矿炉里，把矿渣掏出来，再加以淘洗，这就可以得到大量的金属；二是开采黄铜矿石，这种矿石当地矿工起初是把它扔掉的，尽管他们并不怀疑从中可以得到许多铜。达尔文在这里考察了矿山的地质结构，可是由于积雪堆积和初起的暴风雪，

科迪勒拉山脉

他本来打算上山去考察的，但是在这样的天气状况下他不得不提前返回。

8 月 26 日，他又上路到智利首都圣地亚哥去，一路上尽情地观赏被大雪所覆盖的阿空加瓜火山和科迪勒拉山脉。翌日，他又登上了一个比圣地亚哥所在的大平原稍高的矮山岭。达尔文认为，这个平原是从前的内海的海底。

在圣地亚哥，达尔文逗留了约一星期，决定绕弯道继续往南走，到了波浪汹涌的马伊普河河边。河上架着一座吊桥，甚至连一个人牵着一匹马的重量都使它摇晃不已，要从这种桥上走过去是相当冒险的。但另一条小河卡察普阿尔河，却连这种吊桥也没有，所以不得不骑着马渡过此河。这条河的河谷里有几处考凯纳斯温泉，由于这个温泉能治病所以四方驰名。

经考察，达尔文发现，这些泉水夏季要比冬季更多更热。但是夏季几乎是滴雨不下，所以达尔文就此推测到，这是因为地下水源与在夏季里由于山上积雪的融化而形成的急流有关。这些山离温泉有 15 到 20 公里，雪水首先渗入高温区，然后再流到考凯纳斯地区的地面上。

达尔文又渡过克拉罗河，来到距圣地亚哥以南 20 公里左右的圣费尔南多，之后又往西拐向大海，浏览了以浮岛著称的塔关湖，这些浮岛是由各种不同的植物茎干彼此交织在一起而形成的，在浮岛上又茂密地生长着其他植物。他着手勘查金矿，为此又花费了四天时间。金矿的工人都显出疲惫不堪的样子：他们必须把约五普特重的矿石从 130 米深的地下背到地面上来，然后把矿石运到磨房，磨成细粉，然后再把矿泥排进矿池里，让矿泥在矿池里沉淀。随着矿泥硬化，各种盐就在表面上晶化。一两天后，再把它淘洗干净，于是就可以淘出黄金来了。这一过程得重复好几次。矿工们干着这样繁重的工作，却只吃一些煮熟的豆子和面包用以充饥。照达尔文所观察到的情况来看，矿工们得到的工资就已经够微薄的了，可是相比之下服劳役的农奴在这里的生活却比矿工们还要苦。

达尔文在归途中病得很厉害，回到瓦尔帕莱索就完全病倒了。他在科尔菲德家一直养病到 10 月底，在此期间，他得到了这位同事无微不至的关怀和护理。

继达尔文患病之后，“贝格尔”号上发生了一次严重的经济危机。

费茨罗伊舰长为了加快海岸的测量工作，于 1833 年在加里松那里租了两只纵帆船。他支付了 1650 英镑租金，稍后过了一段时间，他为了同样的目的又花费了 1300 英镑左右，买下了一只洛乌船。指望海军部同意核准这些开支，或许海军部会补偿他这笔钱。谁知海军部不仅不补给他这笔钱，反而来信说“不赞成”租船，命令“要尽快解雇所租的船只”。

由于碰上这些不愉快的事情，又加上疲劳过度，费茨罗伊的情绪非常颓丧，他已不能决定任何事情了。医生认为他应当停止手里的任何工作。

因此，韦克姆只有完成对南美洲东南部的测量工作，然后才能带领“贝格尔”号返回英国。但全体船员都愿意经太平洋返回，这只有在费茨罗伊的指挥下，根据以前给他的指示才能办到。而受海军部指令的费茨罗伊大为恼怒，他不能好好地并且按他过去希望的那样去完成对南美洲东西部两岸的测量工作，所以他坚决要求辞职。

如果舰长辞职，韦克姆就会得到晋升，可是韦克姆不管这一点，他还是劝说费茨罗伊撤回自己的辞职书。他劝说舰长，海军部的指示本身就是命令。他有多少剩余时间就做多少测量美洲西岸的工作，然后再横渡太平洋。韦克姆警告舰长说：“即使你担任了指挥，也不会有任何力量能使他重返火地岛。”韦克姆接着问舰长：“你辞职会有什么好处呢？如果在一定时间许可的范围内他能完成测量工作，然后再往太平洋去的话，不是更好一些吗？”最后令大家高兴的是，费茨罗伊被说服了，并撤回了自己的辞职书。

“贝格尔”号上这次危机使达尔文非常焦急不安，这一点在达尔文给亲属的信中可以看出。当然，一方面因为他特别怀念故乡、家庭和朋友。另一方面由于考察、特别是航海旅行愈来愈艰苦，使他疲惫不堪。如果费茨罗伊拒绝指挥，“贝格尔”号就要被迫抄近道由大西洋返回。达尔文自然也就应该结束在“贝格尔”号上博物学家的工作，考虑的只是回去的事情了。然而他头脑中却有着其他的打算。

对南美洲的地质考察情况已开始形成一定的构思并向达尔文提出了新的任务：首先就是要对西部各海岸进行地质考察，特别是科迪勒拉山脉的地质学问题。对自然景象仔细观察的最初热情，对迷人的热带风景的兴奋心情，渐渐地为考察家所具有的那种特别平心静气的浓厚兴趣所代替，因为达尔文明白，作为一个较好的考察家，他竭力要做的不仅是尽可能多地收集标本，不仅是要记录他所观察到的现象，而且还要更好地弄懂和解释这些现象。旅途中，达尔文在费茨罗伊舰长的图书馆里，熟悉了许多南美环球旅行的情况后，给自己拟定了未来工作、未来旅行路线和考察一些新地区的计划。他不能使自己的事业半途而废，不能放弃自觉制定的计划，特别是快要完成的计划。要是“贝格尔”号放弃环球航行的计划向英国驶去的话，达尔文将不顾一切地继续坚持已有的工作，他决定走他自己所拟定的航线，独自越过科迪勒拉山脉，研究科迪勒拉山脉的地质，走旱路横穿南美洲大陆，再返回东岸到布宜诺斯艾利斯去，然后从那里乘船回英国。因为对大自然奥秘的探索是达尔文一生追求的目标，他绝对不会因此而停止他的理想。

危机结束了，“贝格尔”号还是决定在完成环球航行之后再回英国。同时达尔文决定要更加努力地在南美洲西岸进行工作，乘“贝格尔”号到一些岛屿上去考察，广泛利用在大陆上所用的老办法，即雇佣向导、马匹和骡子，走完拟定的行程。而越过科迪勒拉山脉始终是达尔文的工作目标。

于是，“贝格尔”号全体船员又开始着手测量奇洛埃岛的工作。有几个人在谢利万的指挥下，于11月24日乘着舢板和高速艇前去考察该岛的东部。达尔文雇了几匹马，到岛北端的查卡奥，他要在那里与其他人汇合。另一部分船员则留在“贝格尔”号上，他们应该去考察岛的西部，以便与第一队人马在南部汇合。这时“埃德文切尔”纵帆船已卖掉。达尔文骑马走的路都是用圆木横铺而成的。因为太阳光线穿不透常绿森林的叶丛，所以地面松软、泥泞，人走在上面，每一步都是那么的艰难。

其实，本来查卡奥本是岛上的主要港口，但是由于船只经常在海峡里的急流和危险的岩礁中间失事，所以人们就把港口移到圣卡尔洛斯。达尔文在查卡奥遇到了第一队人马。在以后的日子里，这队人马就逐渐地往南推进。被河谷切割开来、分离成很多小岛的平坦的地方，完全被一片不能通行的深绿色的森林覆盖起来，有些地方可以经常看见茅屋。在这片大陆上，出现了三座正在喷出一团团浓烟的、巨大的活火山。每座火山的高度都有2000米左右。然而安第斯山脉本身在这里要比瓦尔帕莱索附近的山脉矮得多。

11月31日，这队人马来到了卡斯特罗，卡斯特罗曾是奇洛埃岛的古都，但是当时已经变成了一个特别荒凉的地方，总共只剩下几百个居民。在这里有一种非常值得注意的植物叫作庞克，庞克这一植物的基干有一米多高，长着四五个齿状的圆叶子，直径超过2米，周长在6米以上。

12月6日，这队人马到达了南岛圣佩得罗，“贝格尔”号在那里已靠岸。当这队人马中的两名军官，在这里用经纬仪进行测量工作时，据说是这个岛上特有的一种狐狸中的一只正在聚精会神地注视着军官们的工作，达尔文偷偷地走到它的背后，用地质锤朝它头上重击一下，把它打死了。这个岛上特有的狐狸就这样被发现了。

由于森林中到处都堆积着大量倒下的腐朽的树木，所以根本无法通过，他们只好时而一个跟着一个从腐烂的树干底下爬过去，时而在离地面二三米高的树干上走。因此达尔文和费茨罗伊虽然努力要爬上岛巅，但一切努力都白费了，最后他们只好放弃这一打算。

12 月 10 日，达尔文搬到要继续向南驶进的“贝格尔”号上。13 日，他到达了乔诺斯群岛，那里开始刮起了可怕的“不亚于火地岛的”风暴。

各个岛屿根本不能通行，所有海岸都无法接近。必须在海岸上沿着尖角的云母页岩爬行，至于森林，脸、手和膝盖上的伤痕就明显地说明，要想穿过这些密林是需要付出怎样的“代价”。

后来，“贝格尔”号又调过船头向北驶去。12 月 20 日，“贝格尔”号在靠近特烈蒙特斯角以北的地方发现了一处海港，海港附近有一座海拔 500 米的形似塔糖的正圆锥体山丘，它比里约热内卢那座名叫塔糖山的山丘更加接近于正圆锥体的形状。尽管山坡非常险峻，达尔文在这里还是爬到了山顶。他在《考察日记》中写道：“在这荒凉的地方，能够爬上一座山的山顶，会使人感到某种不寻常的快乐。只要我总是不安地期待看到某种新东西，而这种期待总是落空，然而每当我有新的打算时，这种期待总还是一定要出现的。任何一个人都知道，当我们从高山上眺望展现在我们面前的宏伟壮观景色时，我们心头会洋溢着胜利和骄傲。而在这些处女般圣洁、人迹罕到的地方，你会联想到你可能是第一个站在这座山顶上欣赏这一景色的人，你的心情中还会添上某种荣誉感。”

达尔文在荒野的海岸上发现了有人在这里住过的痕迹：悬崖凹处有草铺，草铺旁边有熄灭了的篝火残迹以及斧子砍过的斧痕。眼前的这一切让达尔文感到非常惊讶。

看到眼前的这些残败的景象，这是遇难水手所留下的痕迹。确实，过了几天，当“贝格尔”号发现另外一处海港，并在那里停泊的时候，海岸上出现了一个挥动衬衫的人，派去接他的小船带回两名水手。他们是美国捕鲸船上的流亡者，他们的小船被岸边的暗礁撞得粉碎。他们要沿着海岸走过去是非常困难的，他们当中有一个人已经摔死，其余的两人住在这里的芦草舍里，平时以海豹和软体动物充饥来维持生命，就这样，他们一直住了十五个月。他们只有两把斧子和几把刀。他们用燧石取火，那里的燃料是十分充足的。

12 月 30 日，“贝格尔”号在特烈斯蒙特斯半岛最北端附近的小港里面靠岸了。翌日，达尔文同几个旅伴一起爬上了海拔 700 米的高山，从那里可以清楚地看见由花岗石组成的科迪勒拉山脉的主脉，花岗岩上面覆盖着一层云母石岩，而云母石岩则已形成宛如手指状的雉堞。

1835 年初，“贝格尔”号围着这个小港湾绕行一周。途中他们看到了无数的海豹。火鸡、兀鹰时刻地窥视着这些海豹，只要发现海滩有海豹的尸体，它们就会群起而食之。一些海燕、海鸥在海上飞来飞去，鸬鹚在水中游来游去，捕捉着鱼类。还有几只黑颈天鹅和海獭也在那里游动着。

这儿的海岸有高大美丽的树木和一些花草，有四座火山，较为著名的是科尔科瓦多火山。这个岛上的树木长得像火山岛的树木，有许多毛榉树，而且藓类植物、地衣植物以及蕨类植物也很多。西海岸群岛的泥岩形成过程和火地岛一样都是很迅速的。

有一种红胸脯的鸟经常出没在奇洛埃岛和乔诺斯群岛上，由于它们叫声不同，因此人们把它们分为吉兆和凶兆。还有一种身体较大、叫声像狗的“吉德吉德”鸟。非常巧的是，这种特殊的鸟与智利中部的土耳其鸟和塔巴科洛鸟有血缘关系。

海　燕

在这一地区的海面上时常出现凶猛的大海燕。其中有一种别拉德海燕，如果按照它的习惯和身体构造很难看出它到底属于哪一种，这使得达尔文惊讶不已。这种海燕的胆子特别小，它们一旦受到惊吓就会躲到水里，过很长一段时间才敢再出来飞到空中。在空中直线飞行了一段时间后，它又会重新潜入水中，从它嘴和鼻孔的形状以及腿的长度都不难看出它是海燕，它潜水的性能特别好，更为有趣的是，它的脚爪跟海雀极为相似。

1 月 18 日，“贝格尔”号又回到了圣卡尔洛斯海湾。第二天晚上，奥索尔诺火山爆发了，达尔文感到非常庆幸，因为他有机会观看到了这一奇异而又美丽的景色，火山直到凌晨时分才停止喷发。后来他又听说，属于科迪勒拉山脉最大的一个火山在当天夜里也爆发了，它叫阿康卡瓜山。在六个小时后，其北 4300 公里的科谢圭钠火山也爆发了，与此同时，一场大地震也发生了。

1 月 23 日，达尔文一行到达了卡斯特罗，这是一个美丽的地方。达尔文把带来的介绍信给了当地的彼得罗先生，后来他们受到了热情的接待。彼得罗还十分乐于助人，他还为他们雇了马匹，并陪伴达尔文一行沿海岸往南走去。

1 月 28 日，他们终于又回到了圣卡尔洛斯。

2 月 4 日，“贝格尔”号离开奇洛埃岛向北驶去，大雾的突然出现，又使他们耽搁了几天。几天之后，他们到达智利的瓦尔迪维亚。又过了三天，达尔文带着向导在这个地区旅行，南美洲海岸上的常绿树木比奇洛埃岛上的要少，过了几座森林，他们来到了平原上，他们在那里遇见了一些性格特别的印第安人。

2 月 20 日，这里发生了一次强烈地震。达尔文并没有强烈的震感，当时他正一个人躺在海边休息。城里的木头房子摇摇欲坠，惊恐的居民纷纷跑到海边避难。地震发生时已赶上退潮的时候，海水迅速上涨，升至最高点时又急剧倒流回来。

随后，“贝格尔”号离开瓦尔迪维亚，沿途进行勘测。可是由于锚的破裂，他们只好去瓦尔帕莱索买新锚。

3 月 3 日，当“贝格尔”号在进行航行时，又有一次强烈的地震发生了。

达尔文在“贝格尔”号驶进康塞普西翁市时，登上了基里基纳岛。刚到这里，首先映入他眼帘的是大地震后遗留下来的惨状，这就是大地震给人类带来的毁灭性的后果。达尔文很快得出结论：“地震真是威胁人类的罪魁祸首之一。”他仔细地研究了地震后岩石层发生的变化，地面也在这次地震中产生了许多裂缝。因为地震在白天发生，人们对于灾难的突然来临还能来得及逃避，所以死亡人数并不太多。但是地震之后，许多沿海的房屋和树木被震后引发的海浪一卷而空。

3 月 7 日“贝格尔”号起航向瓦尔帕莱索驶去。历时四个月，达尔文一行才抵达那里，两天后，达尔文又出发了。为了实现自己越过科迪勒拉列山脉的夙愿，他在圣地亚哥就做好了一切登山的准备工作。他在登山的两个入口中选了一条登山距离最近的山口，以便能在归途中更方便地越过另一个乌斯帕拉塔山口。

3 月 18 日，达尔文在一名向导的带领下和一名赶骡人离开圣地亚哥向马伊普河河谷走去。

达尔文在科迪勒拉山脉河谷的周围地区发现了一些由砾石和沙土构成的土地，这些和南美东岸的现象一样，而其原因就在于海岸的上升。由于这些山地在缓慢下降，达尔文在不知不觉中发现这块山地已与周围草原连成一片。他认为这些沉积是因为海水浸泡造成的，而与此同时，智利更南的海岸也受到了一定程度的侵袭。

达尔文对于赖尔关于科迪勒拉山脉是逐步形成的这一观点一直都表示支持。由于河流从上游直冲而下，使沿途一些杂物由河道在入海口处沉积下来，形成了这些阶地，然后随着海平面的上升，一直达到现在的海平面为止。许多流经这个盆地的河流都是从高山上冲下来的。达尔文在河谷时所产生的那些想法与他在登上科迪勒拉山脉时所产生的想法一样。

达尔文在攀登科迪勒拉山脉时遇到了许多牛群，当时牧民们已把它们往山下赶。冬季即将来临，在山顶上他们发现了几处矿藏，在智利北部的山区可以经常发现矿物。

越往上爬，植物就越少，但是出现了一些漂亮的山花，而禽兽和昆虫却几乎看不到了。达尔文指出他在其他地方没有看到过安第斯山那样的情况：两边是阶地或是平原，第二层次是完全裸露颜色的鲜亮山丘，第三层次是连绵不断的岩脉，第四层次是因地层分布而显现出来的美丽景色，最后是由颜色鲜亮的岩石片所构成的圆锥形石堆，从高山基部升起，有时竟高达两英尺多。

3 月 30 日夜晚，达尔文他们才到达耶奈谷。这个谷地形似一口铁锅，有很多石膏因此又被称为“石膏谷地”，这儿的石膏厚度达 1000 多米。达尔文来到了山麓下，这条山脉将许多河流分成两支，分别流往太平洋和大西洋。他沿着彼乌克涅斯山脉前行，这儿的道路崎岖不平，非常难走。这个山脉是由红砂岩、砾岩层和泥贝岩组成的。他们一直走到中午才到乌克沓斯山脉，这里的空气十分稀薄，有人建议用葱来帮助呼吸，但是达尔文一向是个工作狂，他根本没有注意到空气稀薄，只有化石才能让他忘掉这一切。考察队继续前进，之后又来到了常年积雪的山顶地带，在这里展现在达尔文面前的又是另一番天地，与前面所见到的情景截然不同。

凭借敏锐的观察力，达尔文发现雪地上有一些红色的类似于骡蹄印的印迹。达尔文原以为是风吹过来的灰尘，但是这种印迹还能被刮下来留在纸上。经研究这是一种水草微粒，它们能够把雪地染成红色。他们扎下帐篷，由于各种原因他们点不着火，烧不开水，过着艰苦的生活。从科迪勒拉山脉下山比从朝向太平洋那面的山路下山要近得多，但是坡度却更加陡峭。

3 月 23 日清晨，由于雾特别大，所以他们根本看不见潘帕斯平原。晚上，他们宿营在海拔 2000 米的地方，东面河谷和智利河谷的气候以及土壤性质差不多，但两地的植物却完全不同。同样的差别后来在哺乳动物以及鸟类和昆虫方面也都得到了证实。然而科迪勒拉山脉东坡的植物和动物与巴塔哥马亚的生物都极为相似。在这里还发现了许多类似巴塔哥尼亚的植物，还有一些黑色甲虫，所有这些都说明：要研究科迪勒拉山脉的生物分布是非常不容易的。

第二天，天上美丽的云朵不见了，山里的天气真是说变就变，但是达尔文仍能清晰地欣赏到山下潘帕斯平原的无限风光。后来他下了山并在山下住了一宿，第二天又朝东走过了一个沼泽地，踏上平原，花了两天时间才来到了门多萨。到了那儿不久，他就把天上飞翔的一大片蝗虫当成是被大火映红的乌云。好大一块儿空间都被这些害虫占据着。由于数量极多，以至于它们拍动翅膀发出的声音就像是在刮一场大风或者说像在打雷。当这些害虫落在地面吃庄稼和野草的时候，原本绿油油的庄稼地，被它们侵犯过后，变成了一片淡红色。

3 月 29 日，达尔文途经乌斯帕利亚塔，最后返回智利。乌斯帕利亚塔位于门多萨的北面，他必须在一片长满仙人掌的荒漠里行走。这里没有水，而且气候炽热，尘土飞扬，对于旅行者来说在这儿旅行是一件令人讨厌的事情。乌斯帕利亚塔位于海拔 1700 米的平原上，和主脉等高。从这里的地质结构来看，它应该与太平洋海岸的第三红地层相似。从这一点可以推断出这儿应该有树木的遗迹。而且他确实在这儿看到了周长有半米或四分之三米不等的白柱子，达尔文对这些柱子的奇特外形印象颇深。

4 月 10 日，达尔文到达了圣地亚哥，这是他在二十四天之内第二次越过科迪勒拉山脉。他又回到瓦尔帕莱索这个地方，在

安第斯山脉

给姐姐苏桑娜的信中，达尔文描述了他这次旅行在地质方面所取得的成果：

“据我的研究考察表明，那两个山脉其中的一个，要比另一个早生好多年。老一点的那个山脉叫作安第斯山脉，这些山脉岩石的种类和排列顺序我都摸得清清楚楚。这些山脉的主要特点在于它们含有将近两千英尺厚（这可是绝无仅有的数目）的石膏层。我已经在海拔一万多英尺的地方找到了一些稀有的贝类化石，虽然这本来是不可能的。研究一下这些贝壳，我便可以确定这些山的年龄是否与欧洲地层的年龄一致。而安第斯山脉的另一条山脉，我有其他可靠的依据可以推测，但是我还是要证实一下，如果证实可靠的话，那么在证明地球形成的理论中是很重要的。因为，如果在地壳中曾在这么晚的时代发生过如此惊人的变化，那么它在以前就不可能剧烈变动过。我们必须注意到这些近代地层，因为这里面蕴藏着丰富的金、银、铜等金属矿脉；到目前为止，我们还都认为这些是属于较古老的地质层系的。”

此外，达尔文在信中还描述了他所遇见的已经变成化石的树木，并且他还对发现的一些关于地面隆起和沉陷的结论做了详细的叙述。

他给亨斯洛的回信中，还阐述了一些地质方面的研究成果。在亨斯洛的眼里，达尔文曾经只不过是一个幼稚的学生，如今他显然是一名学者了，已经能够将考察后得到的资料进行汇编，严谨地加以思考后得出自己的结论。因此，当亨斯洛收到达尔文的来信时，在看完内容后感到万分惊诧。

1835 年 11 月 16 日，亨斯洛在剑桥哲学学会上，宣读了达尔文寄来的其中一些信件的内容。由于在学生中很受欢迎，因此他就将此编印成小册子，分发给学会会员们，并在两天后达尔文的老师塞治威克在伦敦地质会上宣读了这些摘要。此时达尔文已经成了赖尔观点的虔诚拥护者，在地质调查中，他采用了赖尔的许多观点，有些内容及观点甚至比赖尔本人用得还多，但是达尔文没有就此津津乐道。他于 4 月 7 日起航，继续到智利北部地区考察，原定路线是沿海城市科舍博、瓦斯科和科皮亚波。在科皮亚波，“贝格尔”号正好把达尔文接走。这次旅行的方法和以前一样，唯一不同的是他们全都骑马，沿途他们穿过盛产黄金的钟山山麓的基尔奥塔河谷。到达海岸时，智利中部地区所特有的树木和灌木很快就看不到了，取而代之的是高大的植物。达尔文认为可能是由于这儿的降雨多，所以这里的大量木本植物和其他植物都生长得十分繁盛。

5 月 4 日，达尔文转向内地，走到了矿产多得像蚂蚁窝一样的洛斯奥尔塔司区。工作量十分繁重的矿工们带着重达 90 公斤的矿物，每天从 72 米深的矿井里背十二次矿石。

随后，达尔文又沿途来到了寂静的城市——科舍博。这儿大约有 6000~8000 名居民。晚上，这里发生了一次强烈地震，人们手足无措地忙乱起来。达尔文在地震发生以前听到一些隆隆声，但是当时人们相当地嘈杂，因此，达尔文并没有察觉到地震的晃动。

在经历了这么多地方之后，达尔文用大部分时间来从事地质调查，特别是研究阶梯形的砾石阶地。这些考察让达尔文获得了很多宝贵的资料。从这些考察研究中，达尔文发现这些阶地在这里和其他地方一样，都能充分地证明阶地是由于海水的冲刷而形成的，陆地是海底平面逐渐上升而形成的。

6 月 2 日，达尔文开始重新沿着海岸往北到瓦斯科去旅行，并且进行考察。这里一片荒凉，就连一点绿意都没有。只有陆生螺轮蜗牛在最干燥的地方集结成一大堆，在春天到来的时候，当有一种它们赖以生存的小植物长出叶子来时，它们才会重生。

螺轮蜗牛

达尔文继续沿着一个荒凉的平原赶路，沿途只有一些骆驼在吃草。据这里的人说，此地已有一年多没下雨了。

6 月 12 日，到达科皮亚波河谷后，达尔文这才松了口气。这是一座相当大的城市，每家都有一处果园，而且与矿场紧密地联系在一起，因而人们茶余饭后都谈论着有关矿产和矿石的话题。大约一个星期后“贝格尔”号才到达。达尔文在这段时间里，带上足够的粮食及马匹，跟着向导，参观了那儿的无人谷。这个河谷也是由海水冲击而成的，但是到现在为止，几个世纪都没下过雨了，所以变成了沙漠。达尔文发现了古印第安人生活过的痕迹——他们用黏土支撑的房子。后来一位秘鲁土木工程师吉尔说，有时可以看见古秘鲁人在山里开凿的灌溉水道。但是由于这里地震频繁，坍塌的泥土常常使河流发生堵塞，因而不得不时常改道，所以这些灌溉渠遭到破坏是常有的事。

羊　驼

达尔文在登山的途中，碰见了几头羊驼以及一种和它接近的山地动物——骆马的足迹。他还碰见了一种狐狸，据说会捕鼠。而这里的老鼠会像蜥蜴一样生活在地球上最干燥的地方，它们的抗干燥能力十分强，即便是十分缺水的地方也并不妨碍它们生存。

7 月 1 日，他又回到了科皮亚波河谷。

在加拉帕戈斯群岛

三天后，“贝格尔”号驶到了离城不远的一个港口。晚上，达尔文又同自己在智利的旅伴马里阿诺·贡萨达斯做了亲切的告别，回到了自己的舰上。由于在瓦尔帕莱索时，他们得知英国军舰“挑战者”号在阿劳科附近遇难，费茨罗伊的挚友塞穆尔舰长和全体船员都被印第安人抓去了，他们在那里过着非人的生活。费茨罗伊表示，他愿意作为一名已考察完南美洲所有西海岸的领港员前去帮助他们逃离苦难。所以费茨罗伊舰长不在舰上，韦克姆暂时做代理舰长。“贝格尔”号继续向秘鲁方向驶去。

几天之后，船在秘鲁的海湾伊基克港靠岸了。这儿一年到头也下不了几次雨，因此连喝水也是个大问题，喝的水是从北面40海里的居民点用船运来的，而且价格也特别昂贵。达尔文好不容易雇到了一名向导和几头骡子，去了一趟硝石矿场——伊基克的唯一财源。这里的荒凉景象没有给达尔文留下深刻的印象，因为达尔文以前已经见识过这种景象了。这个地方是由普通食盐和盐土层在海面上升的时候沉积而形成的。远观的话，感觉这儿的地面就像下过雪后被人踩脏的样子。硝石场参观结束后，达尔文又返回伊基克，并乘船继续驶往利马。虽然当时他们已处于热带地区，但由于海洋掀起波浪，冬季阴沉的乌云遮蔽了天空，海风又很大，所以气温还不算很高。

9月15日，“贝格尔”号载着26岁的达尔文，在加拉帕戈斯群岛登陆了。这群火山岛上，几乎无人居住，这里距美洲大陆本土有500英里远，船员们可以在此收发邮件，补充淡水和贮备新鲜肉食。这类肉食是一种野生动物的肉，这个群岛就是以这种动物的西班牙名字命名的：加拉帕戈斯，意思是巨龟，它们在岛上的灌木丛中结队而行。

那灼热的黑乎乎的海滩、枯萎的灌木丛和植物、长满刺的仙人掌——眼前所有的这些都显示出一种不好客的情景。“贝格

海　蜥

尔”号围绕着群岛航行了一个月，在一个又一个岛屿上作了停留。达尔文对自己所见到的一切日益着迷，仿佛这些岛屿蕴藏着许多神秘的事物。例如，海蜥或者鬣蜥在这里都有一种古怪的行为方式。大海是它们的天然栖息地，但它们一旦受到惊吓，为什么又拒绝进入海中呢？这位博物学家不止一次地将正在蠕动的三脚爬虫用力掷向一个礁石坑中，每次它都能径直地游回岸上。难道鬣蜥的唯一敌人是鲨鱼吗？为什么它们把海岸沿线的礁石视作它们最佳的安全地点？这一定是一种世世代代遗传下来的天性。

这里的许多鸟类也同样十分令人着迷，在达尔文所收集的大量不同种类的岛鸟中，燕雀类占了一半。如同这个黑色岛上的许多其他鸟类一样，这些雄性的燕雀通常也是黑色的。但它们之间还是有很大的差别。有一种鸟像欧洲锡嘴雀那样有一只结实而有力的喙，足以啄开

加拉帕戈斯群岛

有坚硬外壳的果实。还有一种鸟具有一种用来捕捉昆虫的尖细的喙，其余的鸟喙都介于这两类之间。但它们同属雀类，又生活在非常相似的环境中，但它们的长相却为什么如此不同呢？海龟本身也是神秘的动物。它们给达尔文出了第一个小小的难解的谜。起先，他无法搞清楚在这些荒无人烟的岛上，从海岸到后面小山之间的那些清晰可见的足迹是谁留下的。不久达尔文茅塞顿开，原来这些是海龟留下的踪迹。世世代代，海龟一直通往经常出没的饮水点，因此踩出了宽宽的痕迹。事实上，加拉帕戈斯的第一批来访者就是借助这些海龟留下的踪迹才找到饮水点的。

给达尔文及其他许多人出的第二个谜则异常令人费解。这是加拉帕戈斯群岛的副总督尼古拉斯·劳森向达尔文介绍的。一天，劳森无意中说："不但我一眼就能分辨出捕捉来的海龟来自哪个岛，其他岛民也能做到这一点。因为据说不同岛上的海龟有不同的斑纹、不同的体形，甚至吃起来味道也不一样。"

鸫　鸟

起初，达尔文对当地人们的这一说法并未多加注意。后来，猛然间他才意识到了劳森这句话的重要性。当时达尔文感到糟糕透了，他已经搜集了加拉帕戈斯群岛两个岛上的标本——然而他将两套标本完全隔水相望。但是，每个岛似乎都有自己独特的生物种类。他相信，有些岛屿栖息着它们自己特有的海龟种类。那么，这些岛屿上是否也有自己独特的鸟类呢？达尔文不由得再一次责怪自己将标本搞乱的失误。不过这似乎是很有可能的。况且，当时这些岛上的鸫鸟或是嘲鸫鸟，它们中间也有一些奇特的差别。

这些差别是如何产生的呢？为什么会有这些差别呢？如果所有不同种类的海龟和鸫鸟真的都是上帝创造的，那么是否每一个小岛都有一个自己独特的种类？或者是否还有其他的某种解释——一个推翻人们所信仰的关于地球上生命的现有理论的解释呢？达尔文整日地在思索着这个问题，希望早日得到问题的答案。

10月29日，“贝格尔”号绕过阿尔贝岛的西南端，通过了该岛和纳尔博多岛之间的海面，晚上停泊在阿尔贝岛的邦克湾。第二天，达尔文上岸去考察一个椭圆形的火山，在火山口底下有一个蓝色浅湖，湖水很咸。在沿岸的悬崖边，他看见了许多黑色的大蜥蜴，它们差不多有几米长。有趣的是这种蜥蜴居然脚上有蹼会游泳，而且在岛上的许多地方都能看到，但在西南和北面的许多岛上却几乎看不到它们的踪影。

达尔文在调查研究之后发现，这座小岛上居住着一些在其他地方看不见的鸟类、爬虫类和其他生物。从岛上乌龟与其他地方乌龟的差别可以看出，虽然他们的距离相隔很远，但是这些生物与美洲生物有明显的亲戚关系。达尔文能在当时就得出这些结论是很不简单的。后来，这些结论都被证实了。

达尔文的这些研究对他之后的观点形成有很大的帮助。达尔文发现有些东西并不与当时博物学界关于植物基因是由环境创造的这一观点相符合，因为一些环境相同但距离很远的植物也应该相同，但实际上并不相同，反而与其他一些环境情况不很相近的地区植物接近。所以达尔文总结出来的观点是：物种是多变的，是可以进化的。

达尔文陷入了深入的思考："为什么这个岛上的生物与美洲的很相像呢?"1835 年诺拉·巴尔劳发表了一篇达尔文的手稿：

> 秦卡鸟，从外表来看，同智利的秦卡鸟极为相似，这是一种栖息在房屋旁、以啄食挂在房梁上晒的鸟肉为食的鸟，它跑得非常快，叫得也相当好听。它建筑的窝，结构很简单，它们在岛上随处可见，并且喜欢往高的、潮湿的地方去。我把从四大岛上弄来的几只鸟与查塔姆岛和阿贝尔岛上弄来的几只鸟相对比，发现几乎差不多，但是其中两只和其他的不同。
>
> 我想起以前有个西班牙人告诉我说，他们能从龟壳的轮廓和体积大小分辨出它们各来自哪个岛。生存在这些岛屿上有限的动物，在结构方面并没有多大的区别，它们聚集在同一个地方。根据这种情况，我们推断出它们只不过是一些变种而已。但有一点可以肯定，福兰克群岛和西岛的狼形狐之间是有区别的。如果说这一点是有根据的话，那么这个岛上的动物学就非常值得加以研究。

这就是达尔文关于进化论的最早见解。

前往太平洋

在1835年10月20日，“贝格尔”号从加拉帕戈斯群岛向西进行了一次长达3200公里的航程。这次航行一帆风顺，还得归功于晴好的天气。“贝格尔”号于11月15日驶抵塔希提岛，在马塔凡湾停泊下来。像从前的旅行家一样，达尔文对这片低地也十分欣赏。由于这个低地的珊瑚礁挡住了海浪的冲袭，因此这里可以作停泊用的港湾。

第二天，“贝格尔”号上迎来了一些新的面孔——做买卖的当地人。早饭后，达尔文到了近处的一座高山上游览，从这里他可以清晰地看到爱米奥岛，它被邻近的一个暗礁包围着。

又过了一天，他们就驶往新西兰了。驶往新西兰需要经过太平洋，这花了他们许多的时间，直到12月19日他们才隐约看见了新西兰。次日船便驶进了群岛湾。

达尔文第二天又出发了。途中有许多的树林，而小河流又隔断了道路，因此，这次计划进行得很不顺利。在这个岛上，达尔文发现了许多建筑的遗迹，这些建筑与现代坚固的建筑结构有着明显的差异。

12月23日，达尔文乘坐一条小船做了一次短途旅行。这次旅行是在英国领事布希贝和一位新西兰领袖的陪同下进行的。这

悉尼一景

里有火山土壤，土地很肥沃，蕨类植物长得很旺盛。在这片林子里，达尔文观看了那些高大的贝壳杉松。这种树干高达七八米，上下一样粗。新西兰的树林根本无法通行，林中有许多英国人和法国人运来的植物，但是很少见到小鸟。

达尔文是在纳希亚村度过圣诞节的。翌日，达尔文同谢利万和布希贝一起乘坐小船欣赏了周围的美丽景色。后来他们三人还访问了其他几个村子，观看了当地一个酋长女儿的葬礼，并在研究了这儿的石灰层之后，又返回到“贝格尔”号上。12月30日，“贝格尔”号离开群岛向悉尼方向驶去。

1836年1月12日，“贝格尔”号抵达澳大利亚，在悉尼海湾抛了锚。当天晚上达尔文在这个城市散步后，感到非常高兴。在几十年中，这里真的兴起了一座崭新的城市，市内有许多宽大的正规街道，还有许多两三层楼高的石屋和商店。像在任何地方一样，在这里达尔文也组织了一次到内地去的旅行活动。他雇了一名向导和两匹马，到一个叫作巴瑟斯特的村镇去，这个村镇距离城市大约有 120 海里，在此之前这里却是一个大畜牧区的中心。

达尔文沿着一条非常漂亮的石子路，径直往前走，这条路是靠那些放逐到澳大利亚的苦役犯的强迫劳动修筑起来的。它周围的风景很单调，只有一个稀疏的树林和一片细弱而泛白的绿草。因为这里树叶的侧面都是垂直地向太阳长着，所以没有荫凉，傍晚时分，达尔文遇到了二十多个澳大利亚当地人，他们的样子都很善良，并向达尔文展示了他们极其精湛的投掷镖枪的技艺。澳大利亚土著人无论从文化水平还是聪敏程度都要比火地人高一些，但是他们过的是一种漂泊不定的生活，他们既不种地，也不盖房，也不牧羊。酒类的输入、欧洲人带来的各种疾病在当地人中间的传播以及对当地人所食用的野生动物的捕杀，都使得殖民地的土著人数迅速减少。其中某些病如麻疹，对他们的危害特别大。达尔文在《考察日记》中激愤地写道：“只要欧洲人一到那里，死亡就无不立即摧残着当地的居民。”

1 月 17 日，达尔文渡过尼比翁河，不久就到达了蓝山山脚，蓝山是超出海滨低地的砂岩高地。从高地往下看，下面是一片十分广阔的森林，风景相当地美丽。从树林右边突然展现出的深达四百多米的那个大山谷，是这里最漂亮的地方，山谷的悬崖峭壁完全是笔直地挺立着。在这里，悬崖峭壁的底部土地上长满了茂密的树木。

达尔文离开了高地，穿过芒特·维克托里亚通道，来到了一个树木更加稀少、绿草更为茂密的地方后，在边区的一个养羊场停了下来。在这里他捕捉袋鼠，但没有捉到，而只是弄到了一只小家鼠；他观看了一些白鹦鹉和其他一些鸟，使他感到满意的是，他有幸看到了一些一会儿在水面上嬉戏、一会儿又潜入水中的鸭嘴兽。

达尔文在《航行日记》中写道："一个什么宗教都不信仰的人，可能会感叹地说：在这里肯定有两种不同的造物者在工作；但是他们的工作对象是相同的，他们在每一场合下的目标都完全达到了。"除了澳大利亚的哺乳动物群不同于世界上其他地方的动物群以外，他还发现了一个例外的情况：他在自己的脚下看到了一个圆锥形的深坑，这是蚁狮设下的典型的陷坑，他观察了蚁狮幼虫捕捉苍蝇和蚂蚁的情况：蚁狮幼虫从陷坑的深处射出一股股沙子，迫使那些吃力地、顺着沙粒流动的坑壁向外爬的昆虫流到自己跟前并成为自己的食物。不过这种陷坑要比欧洲蚁狮通常的陷坑小一半，可能是供当地特有的那种蚁狮用的。

蚁 狮

1 月 20 日，达尔文的考察工作还在进行着。这一天天气非常闷热，从沙漠里刮来的风吹得尘土飞扬。他到达了旅行的目的地——巴瑟斯特。当时很干旱，草地变成了褐色，河流完全干涸，很多幼小的果树和葡萄树都已旱死。在返回的路上没有发现什么特别的东西。

1 月 30 日，“贝格尔”号驶向塔斯马尼亚，于 2 月 3 日到达那里。塔斯马尼亚的当地人曾经对英国人进行过拼命的抵抗，这时已经被征服了，并被迫迁移到了一个孤岛上，接着他们在那里就很快地灭绝了。

达尔文在塔斯马尼亚停留了十天，在此期间他经常出去游览，主要从事地质学的研究。他在自己的笔记中提到，他曾在这里登上了一座不高的惠灵顿山，山上长满了茂密美丽的植物，要穿过这些植物是极其困难的。令达尔文感到惊讶的是，除了高大的桉树外，还有长得非常茂密的像树一样的蕨类植物。

惠灵顿山

3 月 6 日，“贝格尔”号驶抵澳大利亚最西南角的乔治亚湾。

在这里“贝格尔”号只停留了八天，达尔文认为，在旅行期间他从来没有这样无聊过。因为这里的植物单调而且贫乏，在这里任何有意义的观察都没有，这就使得达尔文不想再到附近去考察。唯有当地人举行的那种粗鲁的却并非寻常的“柯罗别利”舞会，还使达尔文感到有某种民族文化习俗的趣味。之后“贝格尔”号离开澳大利亚继续航行。

4 月 3 日，达尔文和费茨罗伊来到了马来亚人的一个村子，这个村子坐落在一个岛屿的一角。他们在那里观看了一种在死人墓上跳“木勺舞”的仪式，这是在望月时举行的一种半崇拜偶像的仪式。

三天之后，达尔文同费茨罗伊访问了紧靠礁湖入口处的一个岛屿。在这里，他们观看了居民们是怎样坐着两只小船捕捉海龟的情况。小船被猛烈的海水激浪在迎风的岸边碰得粉碎的这种情景使得达尔文十分惊讶。于是达尔文在日记中非常激动地谈论这一印象时，他用富于表现力的语言写道：“……我很难解释，为什么这些珊瑚岛的外侧海岸的景象总是使我感到极其伟大。在这类似壁垒的岸边，在这绿色的灌木丛和高大的椰子树的边缘，在那大片紧实的、到处都散布着巨大碎块的死珊瑚岩上，最后还有在那从四面八方袭击的波涛汹涌的巨浪中，包含着多少纯洁的未被人涉足的地方。大洋把自己的波浪抛送到宽阔的珊瑚礁之外，它好像是一个不可战胜的、强大无比的敌人似的；可是眼前可以看到，人类仍旧可以用一种方法去抵挡它，甚至去进攻它。虽然这种方法初看起来好像是软弱无力而又不中用似的。大洋并不宽恕珊瑚岩，因为这些散布在珊瑚礁上面、而且堆积在这条生长着高大椰子树的海岸上的巨大碎块，清楚地显示了波浪的威力。海洋从来没有过一段安静的时间。在广大的海洋表面上，永远吹拂着同一方向的

水螅虫

风；这种微弱但却不停的信风所引起的巨大海浪，能够产生出一种十分强大的波涛，其力量几乎等于温带地区的一阵大风暴所发生的力量，而且这种波涛还在永不停息地咆哮着。在看到这些波涛时，你会不得不相信：假定一个岛是由最坚硬的岩石构成的，比如说是由斑岩、花岗岩或者石英石构成的，那它终究也要被这种难以抵抗的力量所征服和毁灭。可是这些低矮而微小的珊瑚小岛却依然站在那里，而且成为斗争中的胜利者，因为出现了另外一种对抗的力量在斗争中帮助了它们。一些有机体的力量从波涛汹涌、泡沫飞溅的波浪里，不断地分离出碳酸钙的原子来，而这种原子又逐渐地结合成一种对称的结构。让飓风把它们撕裂成千万块碎片好了，因为如果同无数个建筑师夜以继日、成年累月所积累的劳动总量比较起来，这又有什么意义呢？我们从而看到，一个水螅虫的柔软而有黏液的身体，依靠生命规律的作用，正在战胜大洋波涛的巨大的机械力量，而这种力量，既不是人的技能、也不是自然界任何无生命的创造力所能制服得了的。”

次日，达尔文访问了西岛。在西岛的干燥的陆地上，到处都可以看到一种以椰子为食的陆地椰蟹。达尔文根据当地一位居民的话，对蟹如何吃椰子的情况作了记录，他还观察了两种蓝绿色的鱼经常咬破珊瑚并以吃珊瑚为生的情况以及许多生活在珊瑚礁中的无脊椎动物。

4 月 12 日，“贝格尔”号离开了礁湖。在这一天的笔记中，有一部分是他关于珊瑚礁和环形珊瑚岛起源的著名理论的初稿。达尔文这样写道：“我很高兴我们访问了这些岛屿：这些形成物无疑是自然界最稀有的现象。这并不是一下子就能够使我们的肉眼感到惊讶的奇迹，而是在经过了一定的思考之后才使我们的理

美丽的珊瑚

智为之惊讶的奇迹。

“当旅行家们告诉我们某些古迹的伟大结构和庞大体积时，我们感到非常惊奇，但是即使是最大的古迹，如果同这里的由各种最小的动物尸体堆积起来的物质相比的话，它们也是显得微不足道的。在这些面积广大的岛屿上，每一个原子组成部分，不管是从哪里弄来的，是最小的微粒还是巨大的岩石碎块，都有曾经遭受过有机物方面侵蚀作用的痕迹，费茨罗伊舰长在离海岸1海里远的地方，用7000英尺长的一根绳索，测量了海的深度，但没有测到底。因此，我们应当把这个岛，看作是一座陡峭的高山的顶峰。至于珊瑚虫工作的结果延伸到何种深度或厚度，这是根本无法知道的。

“有一种意见认为，制造岩礁的水螅虫是随着岛的基底在火山力量的作用下，经过一定的时间逐渐下沉的、不断向上加高自己的建筑物。如果认为这种意见是正确的话，那就可以认为，珊瑚石灰石一定有很大的厚度。

“在太平洋里，我们看到一些为珊瑚礁所包围的岛屿，而许多海峡和静水区把这些珊瑚礁同海岸远远隔开。各种各样的原因都可能阻碍那些最能在这种条件下发生作用的珊瑚岩的增长。因此，如果我们设想：这样的岛屿经过很长时期之后，要像南美大陆那样，向相反的方向下沉若干英尺的话，那么珊瑚将从周围珊瑚礁的底部继续向上生长起来。将来中间的陆地将被海水所淹没，而珊瑚则将完成它那围墙式的建筑。那时我们是不是将会得到一个环形的珊瑚岛呢？从这个观点来看，我们应当把环形珊瑚岛看作是由无数的建筑师建筑起来的一座纪念碑，它标明从前的陆地是在什么地方被淹没在海洋深处的。”

结束五年考察

在 1836 年 4 月 29 日这天的早晨，“贝格尔”号绕过了毛里求斯岛的北端。沿岸是一片逐渐倾斜的平原，平原上有一些碧绿的甘蔗种植园，种植园的后面是一些稀稀落落的小房子。岛中心耸立着几座高山，尖尖的山顶，山上长满了树木，白云在山顶缭绕。风景非常和谐。第二天，达尔文访问了一个城市，这个城市给达尔文留下了良好的印象，它是一个文化中心，具有鲜明的法国特色。歌剧院、大书店——达尔文对这一切都很感兴趣。在路易港这个城市的大街上，有很多从印度流放来的印度人。

5月初，达尔文登上了城外的拇指山，山高200米~800米。

随后，达尔文同斯托克斯一块去劳合大尉的别墅，别墅离城市有3海里，那里是一个富丽堂皇的地方，他们在那里呆了两天。在途中，有一段路他们是骑着大尉的象走过的。据达尔文说，这些象在走路时一点声音都没有，这使他感到非常惊讶。“贝格尔”号从南边绕过马达加斯加后，在纳塔尔附近驶抵非洲海岸，接着在非洲海岸附近的颇为辽阔的海域航行。

5月31日，“贝格尔”号在四蒙士湾靠岸。次日，达尔文到了离四蒙士湾20海里的卡普什塔德特。在距离卡普什塔德特7海里的地方，有许多幼小的苏格兰云杉林和低矮的、叶子发黄的橡树林，这些云杉林和橡树林散发着一阵阵秋天英国树林的气息，这些树林使怀念祖国的达尔文感到特别诱人。在卡普什塔德特，在一个位于住有各族人的大路上的一个很大的旅馆兼饭店里，达尔文费了很大力气才在一所公寓里找了一个房间。

6月2日，达尔文和通常一样，登上了邻近的一座山。这座城市不久前还由荷兰人管辖，现在却越来越带有英国的特点。城里除了英国人和荷兰人以外，还有很多法国人和戴着圆锥帽或红头巾的马来西亚人、黑人和果天托特人。引人注目的是，这里有许多一前一后两个一列地套着十二对犍牛的四轮车。但很少看到一前一后四个一列、六个一列和八个一列地套着犍牛的四轮车。紧靠城外有一座高2000米的桌子山，风景很独特。

两天之后，达尔文到内地作了一次路途更长的旅行，他雇了两匹马和一个年轻的果天托特人做向导。这次旅行使达尔文了解了非洲南部的植物、土壤、地质构造和动物化石群的某些标本特征。

在接下来的一周里，达尔文是在卡普什塔德特度过的，在这里他结识了一些英国人，使他感到非常高兴的是，他结识了约翰·赫瑟尔，因为约翰·赫瑟尔的著作在达尔文少年时代就给他留下了深刻的印象。

6月中旬，“贝格尔”号驶离四蒙士湾向大海航行。

7月8日，“贝格尔”号来到了圣赫勒拿岛。这个岛好像一座巨大的黑色城堡一样，陡峭地耸立着。达尔文住在距拿破仑墓不远的一个城市里，但他住在这里并不是出于对这位伟大统帅感兴趣，也不是出于对他的敬仰，而是由于这个地方正处在岛的中心，从这里出发到任何地方去游览都十分方便。在他住宿的2000英尺高的地方，气候寒冷而且有暴风雨，经常下着大雨。他写信给亨斯洛说：“这里出现的是真正的暴风骤雨，假如拿破仑的灵魂在他被俘的那个可悲的地方游荡的话，那么这种情况对他那徘徊游荡着的灵魂来说，倒的确是个十分合适的夜晚。”他在信中表现出对祖国的深切怀念。五年的航海生活使所有的人都疲惫不堪了，因此他们都期待着能回到英国去，然而这一天他们还没有等到。他请亨斯洛在塞治威克的帮助下，使他成为地质学会的会员，并请亨斯洛先为此事采取一些措施。

达尔文每天从早到晚都在岛上浏览，研究这个岛的地质构造，就这样在不知不觉中，达尔文在圣赫勒拿岛停留了四天。给达尔文当向导的是一个上了年纪的头发斑白的混血种人，从前是个奴隶，和所有黑人一样，他也是在圣赫勒拿岛从东印度公司转归英国过程中从奴隶制下获得解放的。达尔文注意到，这里90%以上的植物都是从英国运来的。这里的鸟和昆虫非常少。英国人只运进了一些鹧鸪和野鸡。达尔文愤怒地指出，关于保护野鸟的法令没有考虑到当地穷人的利益。他们常常从悬崖峭壁上采集一种草，把这种草燃烧后从草灰中提取苏打。但是，仅仅凭借这样的借口："那样的话，鹧鸪就要没有地方筑巢了!"于是，这种副业就此遭到禁止。

16 世纪初，这个岛上的植被被运输过来，但是不幸的是繁殖得很快的山羊和野猪却彻底毁灭了。这种情况也影响到了陆生软体动物，达尔文发现有八种陆生软体动物只剩下了空壳埋藏在土壤中；这种活的软体动物已经看不到了，它们随着森林的毁灭而灭绝了。达尔文本来很想到圣赫勒拿岛的各个山上和悬崖峭壁处去漫游一番，由于"贝格尔"号又要向前航行了，因此他不得不在 7 月 14 日回到舰上，计划落空了，使达尔文感到很不愉快。

7 月中旬，"贝格尔"号到达亚森松岛。在那高低不平的黑色熔岩的表面上，耸立着一个个鲜红色的被切断的圆锥形山丘，这些山丘围绕着一个中心，即一个最大的"绿色"山丘。达尔文第二天早晨的第一个行动，便是登上这个海拔 800 米的山丘。在所有这些荒漠的山丘上，只有个别地方长了点青草，因此吸引来了一些绵羊、山羊、牛和马在这里享受着美餐。

这里的家鼠很多，要知道它们比普通的家鼠的个头要小一些。为了消灭各种老鼠，这里运来了一些猫，但是由于它们繁殖得太快，其本身反而成了一种真正的灾患。

在亚森松岛，达尔文接到了由什鲁斯伯里寄来的一封家信。他的妹妹卡萨琳在信中说，有一位叫塞治威克的地质学家到了什鲁斯伯里他父亲那里。塞治威克对他父亲说："达尔文将在科学家中间占据显要的地位。"

由于达尔文并没有与塞治威克通过信，因此他不能知道塞治威克是从哪里知道他所从事的事业和他旅行期间的工作情况的。不管怎样，得到像塞治威克这样一个大地质学家的赞扬，的确使达尔文感到愉悦。这时候他还相当年轻，因此在读了这封信之后，他便跳跃着登上了亚森松岛的各座山，而他的小锤子也就敲打在山的峭壁上并发出了胜利的响声。在地质发现方面，特别能引起达尔文兴趣的是他在这里找到的大量“火山弹”和这种火山弹的多孔构造及其形成的方法。

眼看就要回到英国了，由于在“贝格尔”号的器材中，对确定经度存在着一些矛盾，费茨罗伊认为在回到英国之前，应该把这些矛盾弄清楚，因此下令“贝格尔”号向西、向南，又向巴西驶去，费茨罗伊的这一计划使得十分希望归国的达尔文和其他水手们的念头都破灭了。

8 月 1 日，“贝格尔”号又在巴伊亚停泊下来，达尔文根本没有想过何时再能重新回到这里。在初次看到这个美丽的城市及其近郊时，达尔文十分赞赏，而现在却完全失去了欣赏的欲望，

巴伊亚一景

更何况那些曾经使风景变得异常鲜艳的美丽的红树林已被砍光了。尽管如此，热带风景的那些因素依然未变，所以达尔文在巴伊亚停留的四天中，仍禁不住要把自己对热带风景的印象和感受表达出来。他在写给姐姐苏珊娜的信中说："我反复推敲着一个又一个的形容词，我认为用这些形容词来把我所感受的愉快心情传达给那些没有到过热带的人，就会显得过分无力了。整个国家是一个巨大的、野生的、没有修整过的、五彩缤纷的暖花房，这个暖花房是大自然为自己创造的，但却被人类所占有……任何一个热爱大自然的人都有一个愿望，那就是如果可能的话，想去看看另一个行星上的风景，这个愿望该是多么伟大啊！但是实际上可以这么说，对于每一个欧洲人来说，在离他的家乡只有几个经度远的地方，就会拥有另一个美丽世界的景色。"

8月6日，"贝格尔"号向海上出发，以便径直驶向佛得角群岛，可是逆风又阻碍了它的前进。

8月12日，"贝格尔"号驶进了伯南布哥湾，位于南纬8°处，这是巴西海岸上的一个大城市——伯南布哥市（现名累西腓）位于一个平坦的有沼泽的地方。当时雨季尚未结束，洪水淹没了四郊，因此达尔文想作长距离散步的一切尝试都未能顺利实现。他只限于对形成海湾的礁脉进行了一些研究。在这里他指出了一些有生命的海洋机体的活动，如制造石灰质小管的软体虫、蔓脚目即带有石灰质小塔和固体海洋藻类（石珊瑚藻）的固着虾。

8月19日，"贝格尔"号终于离开了巴西。在返回英国的路途中，"贝格尔"号颠簸得很厉害，因此达尔文饱尝了晕船之苦。唯一使他引以自慰的是，这是最后一次在通往英国途中所忍受的晕船之苦了。这样的想法又让达尔文对于早日回家的迫切愿望有了一丝希望。

8 月 31 日，“贝格尔”号在普拉亚港停泊。

9月20日，“贝格尔”号驶抵亚速尔群岛。全体船员上岸访问了一个叫安格拉的小城市，该市坐落在捷尔谢伊尔岛上，居民达 10000 人。第二天，达尔文在一名向导的带领下，到这个岛的中心作了一次旅行。那里有一座山，人们把它描述成活火山。那里的风景、植物、昆虫和鸟类在达尔文看来很像威尔士山上的一个地方。达尔文观察了一个叫作火山口的地方，这里热气从裂缝中喷出并作用于周围的粗面岩和熔岩上，而在地下的活动在这里就表现为地震。第二天，达尔文游览了普拉亚市，曾经这里是一个大城市，可是，后来在一场大地震之后被毁灭了，于是就变成了一个很不起眼的小地方。

亚速尔群岛

背景知识

亚速尔群岛

亚速尔群岛是位于北大西洋东中部的火山群岛，为葡萄牙共和国海外领土。位于北纬 36° 55′ ~39° 43′，西经 25° 01′ ~

31°07′，这里与里斯本之间的空中运输很畅通。这片群岛绵延640多公里，由九个火山构成。这些岛屿笼罩着一层神秘的色彩，没有人确切地知道是谁在什么时候发现了它们。有一个浪漫的传说：一名天使从空中抛下一朵花，九片花瓣纷纷落下，变成了岛民们美丽的家园。

亚速尔群岛在葡萄牙大陆以西约1600公里。面积共2247平方公里。群岛分为三组相距甚远的岛群：东部包括圣米格尔、圣玛丽亚及福米加什三岛；中部包括法亚尔、皮库、圣若热、特塞拉及格拉西奥萨诸岛；西北部包括弗洛里斯岛和科尔武岛。

亚速尔群岛距离葡萄牙海岸约1450公里，距欧洲1600多公里，离北美3200多公里。东南距马德拉群岛770公里，东距葡萄牙罗卡角约1200公里。从葡萄牙首都里斯本飞往亚速尔群岛大约需要两个半小时。

15世纪，葡萄牙航海家发现了亚速尔群岛，长期以来，该群岛一直是大西洋航线的重要补给点。如今，这里已经成为度假胜地，常住居民共有大约25万人。各岛地势崎岖，多火口湖、

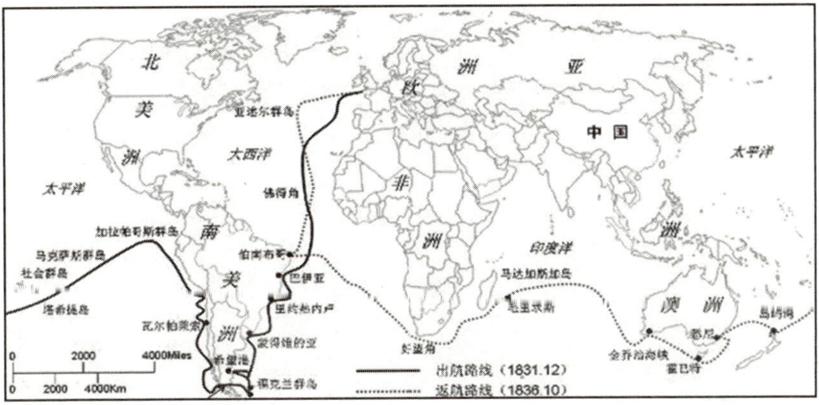

“贝格尔”号的航行路线（图中深色线为“贝格尔”号航行的路线）

热泉和地震。为西欧、南美、西非间重要海运站和国际航空中继站。在冬季这里又是十分舒适的游览、疗养胜地。

9月24日，“贝格尔”号在圣米卡埃尔的西岸停泊。

1836年10月2日，“贝格尔”号在法尔茅斯抛了锚。达尔文和船员们回到了祖国，这使得他们感到非常地兴奋和激动。但是，即便是兴奋和激动，达尔文还是感到有些不如意，因为达尔文认为英国海岸一眼看来还比不上一个微不足道的葡萄牙村庄更能使他感到温暖。但当天夜里，尽管外面暴雨肆意地下着，达尔文还是抱着对家人的思念，乘着邮政马车火速前往什鲁斯伯里。于是，达尔文的环球旅行生活就此结束了。

第三篇　重返故里伦敦

我能成为一个科学家，最主要的原因是：对科学的爱好；思索问题的无限耐心；在观察和搜集事实上的勤勉；一种创造力和丰富的常识。

——罗伯特·达尔文

归国的后续工作

跨越了太平洋，穿过印度洋，北上通过大西洋后，二十七岁的查尔斯·达尔文在1836年10月回到了英国。1836年10月4日，他回到什鲁斯伯里时，天已经很晚了，因此他先在一家旅店里住了一宿，以免深更半夜惊动亲人。

翌日，快吃早饭时，他来到了芒特，他看到了自己的亲人们。五年过去了，除了父亲有些衰老外，其他的人和他离开时的样子差不多。在亲人面前的达尔文仍然和从前一样，可爱而善良，他用他那温情的眼神看着他们。但是，五年的旅行生活使达尔文变了很多。现在他已是一个有主见、有思想的人了。他研究了许多科学问题，并且解决了这些问题。他现在已经是一个科学青年了，是一个有着丰富阅历的博物学家了。

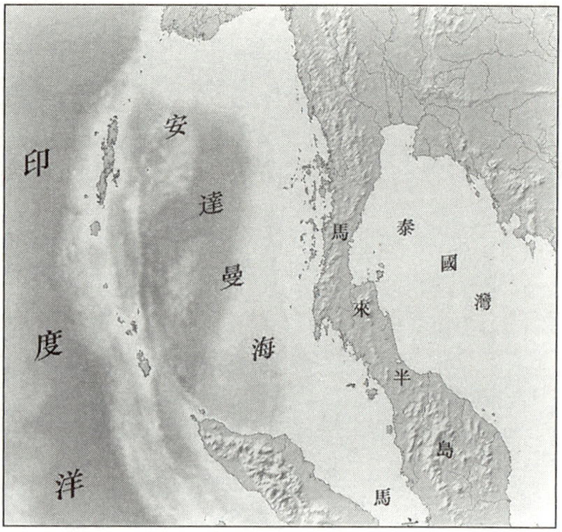

印度洋

达尔文在五年的漫长航海生活中，一路都进行着认真的观察和记录，考察了美洲数以万计的动物和植物，并且搜集了17000多种标本。他发现所有的物种都随着地域的变化而变化，并且表现出明显的规律性：有亲缘关系的物种总是分布在邻近的领域；而地域距离越远，物种的差异也就越大，这也许就是人们常说的“一方水土养一方生灵”。正是这次环球考察，使达尔文变成了一位生物进化论者。

达尔文在晚年回顾这一段经历时说：“‘贝格尔’舰的航行，在我一生中，是极其重要的一件事，它决定了我的整个事业。”在考察的过程中，有三类事实给达尔文留下了深刻的印象，促使他逐渐相信物种是可变的、是由其他物种进化而来的，而不是由上帝创造的。这三类事实是：

第一，南美洲的东海岸自北向南、西海岸自南向北的生物类型逐渐地更替，这使他对“神创论”产生了怀疑，使他想到环境对生物类型的影响。

第二，达尔文在南美洲发现了一些古代动物骨骼化石，其中有一种是古代贫齿目四足兽的化石，从它的结构上看，很接近南美洲的特有动物——犰狳。又如，有一种古代动物，它的身体有大象那么大，从牙齿上看，很像现代啮齿目的动物，从眼睛、耳朵和鼻孔的部位看，很像现代水生的哺乳动物——儒艮和海牛。这些现象使达尔文感到非常惊奇，并且产生了疑问：为什么现代的动物与古代动物十分相似，但又不完全相同呢？为什么一些现代动物的特点会集中在古代某一动物的身上呢？现代的动物是从古代动物发展演变而来的吗？

第三，达尔文发现加拉帕戈斯群岛虽然与南美洲大陆相隔八九百公里，气候也很不相同，但该群岛的物种都属南美洲类型；而且，该群岛的大多数物种与南美洲的物种是有一定区别的。通过进一步的研究，达尔文还发现同一物种在该群岛的各个岛上，都是略有差异的。所有这些现象，使达尔文想到物种可能是在不断地变化着的。

背景知识

犰　狳

犰狳是南美洲和中美洲特有的珍稀动物，它主要栖息在树林、草原和沙漠地带。犰狳，俗称“披甲猪”。犰狳长相怪模怪样，介于猪和穿山甲之间，犰狳还与食蚁兽和树懒等树栖哺乳动物血缘最为接近。它和它们一起被称为“贫齿目”的一类古代物种。虽然字面上“无齿”，但是和食蚁兽不同，犰狳的确有一副简单、牙一样的圆形“牙齿”。这一目类已于最近被更名为异关节亚目。

动物学家根据它的鳞片环带数目多少，把这个庞大的动物家族分成如下几类：三绊犰狳、六绊犰狳、九绊犰狳。此外还有一种王犰狳（又称大犰狳），其身长可达90厘米，尾长50厘米，简直有半只猪那么大，属犰狳中的老大。

如果是第一次见到犰狳，一定会被它那可笑而奇特的怪模样所吸引。因为它活像一个“古代武士”，全身披挂坚甲护身，可以达到御敌自卫的目的，因而又有人称其为“铠甲鼠”。

犰狳身上的鳞片是由许多细小的骨片构成，每个骨片上长着一层角质的鳞甲，这就成为它抵御敌人的防护壳。有的犰狳凭借自己坚硬的骨甲，把身体紧紧地蜷缩起来，形成一个球形的铁甲团，连大食肉兽也别想伤害它一根毫毛。可以称得上是一个有齿咬不破、用拳打不疼、用脚踢不伤的家伙。

犰　狳

犰狳身体的结构上最明显的特点是有关节的甲。这种由骨质组成的鳞甲上还覆有角质表皮。体上鳞甲形成各种式样，但通常是一个头盾及一系列颈部和身体大部分的保护盾板。在腹部和四肢盾板之间柔软的皮肤上有稀疏的毛。有些种类能卷曲，以保护易受伤害的四肢和腹部。大犰狳是最大的种类，重达60公斤，最小的小犰狳不过120克。头骨长而背腹偏平。牙齿随年龄增长而部分地丢失。所有犰狳四肢都很结实，前后足大而有钝爪。

与贫齿目其他种类相比，犰狳的食性和运动并无引人注目的特点。大多数种类主要以昆虫为食，但也吃些无脊椎动物和小型脊椎动物，也吃点植物性食料。

根据动物学家的研究，犰狳在哺乳动物中，是具备最完善的自然防御能力的动物之一。其防御手段可概括为："一逃、二堵、三伪装。"

所谓"逃"，即逃跑的速度相当惊人，犰狳具有令人吃惊的嗅觉和视觉，当它所到之处有危险时，它能以极快的速度把自己的身体隐藏到沙土里。别看它的腿短，掘土挖洞的本领却很强。曾有人这样描述犰狳的打洞本领：它打洞速度非常快，你骑在马上还看见它，但在下马的一瞬间，它已钻到土里去了。所谓"堵"，就是它逃入土洞以后，用自己的尾部盾甲紧紧堵住洞口，好似"挡箭牌"一样，使敌人无法伤害它。所谓"伪装"，就是用蜷曲法，全身蜷缩成球形，身体被四面八方的"铁甲"所包围，让敌人想咬它却无从下口。

为了生存，犰狳除了身上御敌的甲胄外，还有杂食、昼伏夜出和能够栖息在自然界形成的天然洞穴等有利习性。栖息处可以是茂密的灌木丛、草地、荒野，通常其栖息地还有一处浅塘或泥坑用来浴身。

在白天，犰狳躲在自然形成的洞穴或自掘的洞穴里，洞穴狭窄，截面为圆形，直径大概有8英寸~10英寸，有时可达25英寸长。通常地穴有几处分支，其中的一个终止在一个巢穴处。巢穴里面铺着柔软的树叶和干草。一只能干的犰狳能打几个洞穴，每个又都有几处出口。这些洞口隐藏在树根间、空树干里或堤脚下。

爬行中，犰狳能翻过电篱，在浅水中跋涉。如果河流较窄，犰狳就深吸一口气，潜进水中，从河底爬上对岸。如果河宽，它就吸入空气，让肠胃涨满，然后再游过去。

在昆虫食物供不应求时，犰狳就会增加觅食时间，连白天也外出活动。觅食对象也扩大到小型蜥蜴、火龙、蛇、青蛙和蟾蜍。它偏爱蛇蛋，偶尔也吃鹌鹑、火鸡和其他地面筑巢的禽蛋和幼禽。有些犰狳也吃偶然遇到的鸡蛋和小型哺乳动物。

雌雄犰狳一般占据不同的领地。可是当夏末交配季节到来时，雄犰狳就出发去寻找雌性配偶。交配后，它们再度分道扬镳。犰狳在孕期有一种独特的生理机能。一个受精卵会很快分裂为独立的两个，然后再分裂为独立的四个。四个受精卵具有丝毫不差的染色体结构。然后这种分裂就停止了。之后在输卵管中，它们“畅游”一个月左右进入子宫。一般同一胎出生的幼犰狳都具有同一性别。这一现象使科学家有机会研究同一组基因是如何对动物的后代的生长和发育发挥作用的。

犰狳的怀孕时间决定了小犰狳在每年三月后或四月出生，那时昆虫食物丰饶。出生时的小犰狳身体发育几近完成。除了身体大小方面，其他各方面都几乎和成年犰狳一样。它们的甲胄柔软，易于弯曲。随年龄的增加，铠甲会变硬。出生后几个小时，小犰狳就已经可以跟着妈妈去夜袭觅食了。不过，断奶还要两个月后。那时，它们就各自外出寻找自己的领地去了。小犰狳两到三年成熟，寿命一般为十至十五年，除非发生意外。

犰狳会因各种食肉天敌的捕食而夭折。这些天敌包括狗、美国山猫、熊和郊狼。在受到威胁的情况下，犰狳会奔向附近的树丛，用浓密的枝条作屏障，或者团成一个紧密的球体。如果有一两分钟的时间进行躲避，它会飞速地刨出一个可以紧紧裹住身体的洞穴，这使得攻击者几乎不可能把它拽出来。

不过，犰狳最大的天敌还是人和车辆。它天生近视，又有上公路觅食死亡猎物的习性，所以它常常会出现在公路上。犰狳所具有的“自然惊吓反应”使情况变得更糟。一受到惊吓，犰狳便向上跳跃，于是可怜的犰狳便会恰好地撞在途经车辆的下部。

回到英国之后，达尔文将自己带回来的搜集品进行加工分类整理，然后策划着写一些有关物种起源和地质等方面的书籍。此外还有他在旅行途中所写的《旅行日记》也要准备出版。

在达尔文看来，亨斯洛就像是一座“山顶”，他可以清楚地了解一切情况。因此回家不久达尔文就写信给亨斯洛，询问亨斯洛是否在剑桥。

收集、整理并将搜集品加以分类，这并不是一件易事。达尔文的朋友赖尔也在信件中劝他，认为达尔文应当亲自研究地质学。解剖学家和古生物学家奥温不反对解剖一些用酒精浸制的动物。当时担任伦敦大学教授、他的老朋友格特准备研究某些珊瑚。但是，起初准备工作特别不完善，亨斯洛也提出建议，让达尔文把动物的各科在剑桥的博物学家中加以分配。于是，达尔文接受了亨斯洛的建议，把这个建议当成工作中第一阶段的计划。他打算在剑桥度过几个月，在那里开始自己的工作。后来，为了工作，达尔文又不得不迁到了伦敦。因为，在伦敦，专家们对旅行期间搜集的动物资料进行了研究工作，而只有达尔文在场工作才可以进行下去。

接下来的时间里，达尔文就开始着手实现自己的计划。10月底，他把自己航行期间随身携带的东西和搜集品从“贝格尔”号上卸下来，并径直运往剑桥。此时，赖尔正迫不及待地等待着达尔文的归来。当“贝格尔”号还在新西兰时，赖尔就写信给塞治威克说：“我盼望着达尔文的归来。我希望你们能尽早地让他过来。”由于达尔文的许多观点都是从赖尔的观点上发展起来的，而赖尔的许多观点又是通过达尔文得以证实的，因此，可以说他们两人是相辅相成的。毫不奇怪，在交往中，他们已经成为好朋友。当时赖尔年近四十岁。达尔文不久就被选为地质学会会员，之后又被选为动物学会会员。

1836 年 11 月，在梅尔的韦季武德家，人们正焦急地等待着这位功成名就的博物学家达尔文的到来。所有远亲都被邀请来看他。大家请达尔文给他们讲了一些旅行情况，并且向达尔文提了很多的问题。大家在一起谈论的话题还有达尔文的日记，因为有些日记他以前曾寄回家中，因此他的姐妹们早已知道了。费茨罗伊看了这本日记后，并提议把它同自己的日记合在一起作为一个完整的读物出版，但达尔文的姐妹们却对这种做法持反对态度。

1836 年 12 月初，达尔文来到了剑桥并在那里过了冬，这也正如达尔文所设想的计划。由于他打算在剑桥检查完他的地质收集品，因此他必须多呆几天。所以起初，他住在亨斯洛那里，后来他自己租了一个房间。此外，在此期间他还下了很大功夫整理《一个博物学家的考察日记》。达尔文现在觉得他已经不再是一个有声望的大学生了，因为现在学校里认识他的人寥寥无几。但是，每天晚上仍会过来一些朋友，大家喝酒聊天，其乐无穷，但这在很大程度上影响了他研究活动的进程。这年冬天，他在动物学会上做了《关于美洲鸵鸟》的简短报告，在地质学会上做了《关于海岸新的上升》的简短报告。这两次报告的演讲使得达尔文在学校里稍有声誉。

1837 年 3 月至 9 月，在伦敦的大马尔勃罗大街，达尔文对他的《日记》进行加工整理。费茨罗伊舰长出版了描述他乘“贝格尔”号两次旅行的著作。其中在第一卷中描述的是他于 1826 年至 1830 年在金克率领下的旅行；第二卷描写的是有达尔文参加的 1831 至 1836 年的旅行；第三卷应该是达尔文写的《一个博物学家的日记》。但是，达尔文在日记中所遵循的不是时间的顺序，而是地理的顺序。他认为，把注意力放到对访问国的描写方面，这对读者来说要更容易理解一些。在这种描写中，他有意介绍了动物的生活方式、风景描写、地质考察以及个人的印象。在达尔文写完日记的时候已经是 6 月份了，他给自己放了一次假，启程到了什鲁斯伯里。

在《一个博物学家的日记》末尾，在加拉帕戈斯群岛的情景又一次在达尔文的脑海里呈现。然而物种起源这个更加严峻的问题又一次摆在他的面前。他认为，应该像赖尔那样，论述观点之前先收集好充分的事实然后再加以证实。达尔文正如他所奉行的那句箴言那样，广泛地收集相关事实并与一些有经验的专家们保持着密切的联系。7 月份，他开始着手第一本物种起源方面的著作的写作。

在这个期间，达尔文做的两场地质报告，受到了地质界的好评。以前达尔文从来没有这样忙过，但是为了科学事业他又不得不这样。他曾经期望着航行结束后能够回到故乡与父母姐妹生活在一起，但现在看来，这样的想法是根本不可能变为现实的。几个月以来，他只能从百忙中抽出很少的一部分时间回到家与家人团聚。

达尔文来到伦敦，在赖尔的细心帮助下，对《“贝格尔”号的动物学》一书的材料进行分类整理之后工作才得以顺利进行，赖尔在此起了很大的作用。那些曾经反对过达尔文观点的植物学家们的态度开始有所转变，对达尔文有了好感。

由于印刻《“贝格尔”号的动物学》一文中的统计表和插图是要花很多钱的，于是达尔文决定向政府申请补助金，以此来作为出版这篇论文的开支。让达尔文吃惊的是政府无条件地接受了达尔文的请求。

达尔文天性喜欢把自己融入到大自然中，他喜欢在大自然的广阔空间里自由自在地漫步，但现在这种享受的生活已经离他远去了，很难会再有这样的生活了，由于伦敦多雾，另外一个原因是他在1837年的秋天因为工作过于疲劳使他的健康不如往昔——消化不良、头晕眼花和易受刺激，这些都使他不得不与社交活动告别了。

人们对于达尔文患病的原因有不同的看法。有人认为，在“贝格尔”号还未起航时，达尔文在德文港患的心悸很可能是得病的原因。但这种看法未必正确，因为不管在海上晕船多么厉害，时间多么久，它也不是在陆上长期患病的原因。达尔文的父亲认为达尔文在瓦尔帕莱索所患的病是长期生病的主要原因。虽然当时的医学还没有查出所有的病因，但是，达尔文在后来的生活中每逢体质减弱时，疾病就会再次出现。根据医学诊断表明，病原体潜伏在达尔文的体内。

达尔文在繁忙中仅仅休息了一个月，但是在此期间，他也并没有完全处于休息状态，他先后到了什鲁斯伯里和梅尔，甚至还去怀特岛拜访了福克司。在梅尔期间，时令属于深秋时分，他在地质学会做了一个《关于腐殖土在蚯蚓作用下的形成》的报告。从他的航行历程来看，我们首先认为达尔文是一个广义上的“博物学家”，但是他把很多时间却花费在地质学方面。他从航行当中带回了那么多佐证赖尔观点的东西，以致他能在很短的时间里就做出令许多人感兴趣的报告。

由于达尔文对地质方面的研究也会有一定的帮助，因此地质学会打算聘请达尔文为他们的学会秘书。在很长一段时间里，达尔文一直没有接受这个邀请，因为他觉得秘书工作要花费大量的时间，而这会把自己的地质学著作耽搁。但是，1838 年 2 月 16 日，由于盛情难却达尔文还是欣然地接受了这项工作。

在 1837 年冬至 1838 年期间，达尔文首先考虑的是他在“贝格尔”号旅行时所搜集的动物学和地质学方面的材料，并且在当时连关于物种问题的笔记的评语也都有了。达尔文在从福克司那里得知关于某些动物杂交的情况之后，就写信给福克司，希望有朝一日，他能在物种和变种这一最复杂的科目上有所作为。

对于进化的论证，地理方面的事实也为其提供了相应的证据。达尔文提出，为什么在特定的地方就出现某一种特定的动植物，如羚羊在非洲而袋鼠却在澳洲？当然，这并不能说万物是由两个创造者造成的，其真正原因是由于它们的始祖居住地不同而导致的。这不能不使他提出关于现代的贫齿动物和灭绝的贫齿动物之间的种属问题。达尔文在笔记中写道：“我认为，在南美洲的大懒兽弟兄，可能是所有犰狳的祖先。但是，灭绝的种类是否

苏格兰一景

总要留下后代呢?”他在笔记中接着指出：“物种的繁殖就如个体的繁殖一样，如果不能进行个体繁殖，它就没有后代。”他指出：“古生的马在一个地方留下了后代，这就是现在还生存着的美洲斑马，而在北美洲，它却已经灭绝了，没有留下后代。”这就很自然地提出了这样的问题：物种的灭绝取决于什么呢？他把新的想法记了下来：“物种的灭绝取决于它是否能适应不断变化的客观规律，如果能够适应它就生存，反之就会灭绝。”

对于人来源于动物这一说法并没有使达尔文、赖尔以及其他同时代的许多人产生厌恶感。达尔文在用进化论说明所有生物的历史发展时，同他在物理学和天文学方面的状况都进行了对比。达尔文认为，他的理论不可能不受到外界的驳斥。

在这一时期达尔文不断地向自己提出进化原因的问题，而且对这一问题他已经有了十分肯定的答案，他不必再怀疑了。达尔文认为必须研究生物的适应性以及生物各方面的属性，才能弄清进化的原因。如果他的理论被证实的话，他想在他的面前将会展现出科学进一步发展的广阔前景。

1838 年上半年，尽管达尔文身体状况不是很好，但是他还是对自己旅行期间所从事的动物学和地质学做了详细的总结。由于身体不舒服，所以达尔文便决定在剑桥住几天，同时正好会会他的那些朋友。晚上他住在亨斯洛那里，那里时常聚满了人。达尔文在这里认识了教阿拉伯语和犹太语的李教授，并拜访了地质学家塞治威克。

达尔文在剑桥这段时期的休养，对他的健康是十分有帮助的。在身体康复后，他到苏格兰去旅行，他从格拉斯哥出发，到了英威涅斯山谷，住了八天，研究了类似罗埃河谷的地质学上的阶地。这里的天气非常好，从浓雾弥漫的伦敦来到这里，达尔文置身于苏格兰的大自然中感到特别愉快，他非常欣赏那里美丽的晚霞。他在给赖尔的信中说，他从来都没有像来到罗埃河谷的时候那样感到如此愉悦过。

同年夏天，达尔文回到伦敦，在此之后，达尔文写了一篇关于这些阶地的论文，发表在伦敦皇家学会的《会报》上。然而他在这篇文章中得出的结论是错误的，后来达尔文一直为这件

马尔萨斯

事感到羞愧。这篇文章，成了他在得出结论时用排他法的一个教训。在他之前的科学家如劳格、迪克和马卡洛克都认为，罗埃河谷的阶地是一些湖泊的沉积物，它是由一些山岩和冲积层构成堤坝后形成的。达尔文驳斥了“湖泊”理论，他认为岩石和水都不能截住水流，唯一可以解释的就是海水的运动。后来达尔文用冰川块构成的堤坝来说明这些阶地形成的原因。达尔文用这点进行辩解的理由是：在17世纪40年代，整个冰川的地质活动还很少被说明，至于在苏格兰所遇到的那些漂石，根据赖尔的解释，说它们是在漂浮的冰块上经过大海而被带到这里来的，由此“巨漂砾”这一名称就这样产生了。

下半年，达尔文便开始了《珊瑚礁》一书的编写。他采用了赖尔的做法，把每天的工作分成两部分。工作完毕后，出去散散步或者办点事，舒缓一下精神，劳逸结合，回来后便继续干活，然后去赖尔曾带他去过的“雅典神殿”俱乐部吃午饭，并且与那里的会员开心地畅谈他们所感兴趣的事。

1838年10月，达尔文有幸阅读了马尔萨斯的《人口论》。看完之后，达尔文感到大为吃惊，因为他明白了：在某些情况下，有利的变异力求被保存下来，而不利的变异却被消灭。其结果可能就是新物种的产生。他继续说：“于是在这里我终于得到了一个可以帮助我工作的理论。”达尔文在谈论关于鸵鸟的灭绝和保存时，关于适者生存的理论在此时已即将得出，或许，没有马尔萨斯的帮助，达尔文自己也会得出这个理论来。

人生的幸福与不幸

尽管达尔文环球航行归来后，工作方面的进展都很顺利，但是在伦敦的孤单生活仍然使他感到非常苦恼。达尔文也希望过安宁、舒适的生活。随着年岁的增长，他越来越希望有一个属于自己的家。因此，成家也成为他不得不考虑的问题。

关于结婚究竟有利还是不利的问题使达尔文做了很多方面的考虑。他认为有利的是："孩子（如果上帝赐予的话）、永久的同伴（老年时的伴侣）、诱人的音乐和令人迷醉的同女人的闲聊。"不利的是："如果因孩子多而迫使自己去挣钱糊口的话，那就会花去很多时间；以及摆脱社交的困难。"

达尔文对上面提到的有利的一面进行进一步的思考："如果得不到亲近朋友的同情，那工作还有什么意思呢？对一个老年人来讲，还有谁能比妻子儿女更亲近的呢?"于是，他得出结论说："上帝呀！要是像一只无性别的工蜂那样，只知劳动，而一无所获地度过一生，那简直是不堪想象的。不，不应当这样!"于是在他的想象中出现了这样一幅情景：一位殷勤温柔的妻子坐在沙发上，一个美好的家庭，还有许多书籍，可能还有音乐，幻想中的一切都是那么的美好。

最终，"结婚"就成了达尔文要求证明的结论。达尔文的这种对个人幸福的憧憬在1838年底实现了，当时达尔文二十九岁。

1838年11月11日，这一天是达尔文生命中值得记忆的一天。他当时在梅尔，他向表姐埃玛·韦季武德求婚，并得到了她的同意。埃玛聪明、美丽、温柔。达尔文十六岁那年到梅尔乔赛亚舅舅家过暑假，开始了两人间纯洁、珍贵的友谊，无论是达尔文的父亲和姐妹们，还是乔塞亚舅舅和他的全家都满意这桩婚事。他们这两家的关系本来就够密切的了，埃玛的哥哥不久前同达尔文的姐姐卡罗琳·莎拉结了婚，现在则更为密切了。由于达尔文近来同他的哥哥和卡罗琳相处得非常友好，因此达尔文也常常与赖尔夫妇分享自己的幸福。

达尔文与未婚妻埃玛

达尔文在给未婚妻的一封信中说："任何人任何时候也没有像我现在这样幸福，或者说像您那样善良。我能使您真正地相信，在离开梅尔很久以后，我还认为，我没能畅快地表达我是多么感激您啊！这一点我是常常想到的；我发誓要使自己成为一个非常好的人，以便多少能够配得上您。我主要担心的是，在像梅尔那样众多而友好的伙伴中度过了您的全部生活以后，您会认为，我们安静的夜晚将使您感到枯燥乏味。我亲爱的埃玛，我怀着极其温顺而感激的心情吻您的双手，这种心情充满了我的幸福之怀，我最大的愿望就是成为配得上您的人。”

埃玛在她给她的姨母西斯蒙迪夫人的信中表现了她自己对达尔文的情感：“当您向我询问查理尔斯·达尔文的为人时，我认为他好的地方，我连一半也没有告诉给您，因为我担心您会有所怀疑……他在上星期四又同姨母范妮回来了，并在星期日向我求婚，这完全出乎我的意料，因为我想，我们将保持像过去那些年彼此所具有的友谊，而不是像在此事之后将发生的情况。我太难为情了，整天都充满了幸福感，因为家里客人很多，除了父亲、伊丽莎白、卡罗琳外，我们谁也没有告诉。亲爱的爸爸，我希望您能看到他的快乐的眼泪，因为爸爸对查尔斯一向评价很高……晚上我到了他们的房间，我们坐了很久，一直谈到很晚；我感到饿了，于是汉斯利到厨房去拿乳酪，找到了一块小白面包、两块牛油和一把小刀，还给我们做了一盘精美的小菜。我从前就知道，他（达尔文）是一个襟怀极其坦荡的人，每句话都表现他的真正思想。他是一个令人非常喜爱的人，他对自己的父亲和姐妹们非常有礼貌，他的性格非常温和。我感到高兴的是，他是一个积极肯干的人。我感到我每天的生活都是幸福的，查尔斯很喜欢梅尔这个地方：我相信，只要可能，他随时都准备到农村去。我并不像姨母萨拉那样，查尔斯不喝酒，这一点我并不在乎，可我认为，这一点倒是令人高兴的。对于我命运中这个真正的转折我本不想告诉您，但是我迟早总得让您知道。休息一阵之后，我本已动身去做礼拜，但我发现，我变成了一个白痴，于是又半路返回。”

这时候，达尔文变得更加忙碌了。每天早晨他都要写关于南美洲鸟类的生物学著作，他还得一个人单独或同哥哥伊拉兹莫斯一起去逛伦敦大街，看看有没有出租的房子，以便他在同埃玛结婚后能够住在那里。赖尔夫妇当时也对达尔文的住房特别关心，想尽快帮助达尔文解决这个问题。

埃玛到伦敦去帮助达尔文寻找房子，同他一起去看戏。最后在上高尔街选中了一套油漆得很漂亮的房子，这座老房子之所以吸引了这对年轻人，主要是因为它有一个小花园。之后，达尔文便和埃玛把东西搬到了那里。

1839 年 1 月 29 日达尔文在梅尔举行了人生中最为幸福的婚礼，之后，这对年轻人很快就去了伦敦。

达尔文的妻子埃玛

婚后的最初一段时间里，达尔文夫妇把很多时间用于接待来访客人、到最亲近的人和熟人那里赴宴和回访他们的熟人上面去了。别人的这些拜访可能使达尔文比他的妻子更加激动。达尔文同埃玛结成伉俪后，达尔文夫妻之间互敬互爱，埃玛为丈夫的事业献出了自己的一切。

扎德教授在描写达尔文这位热情的主人时，给予了埃玛很多的赞誉，说埃玛当时给客人们留下了很好的感觉：“我不知道有谁在同她接触时而能不被她的个性迷住的。谁能够忘记与她见面时那种亲切的握手和在离别时那种温柔地、长时间地不断抚摸手掌的情景？而最主要的是，谁能忘记她那引起面部整个表情变化的诱人的微笑……人们在回首往事时往往忘记哲学家深奥的哲理，而想起主人的热情好客。”

一般来说，达尔文夫妇几乎放弃了社交活动，过着非常安静、深居简出的生活。可是，达尔文的健康情况显然越来越坏了，因此他不得不到梅尔和什鲁斯伯里再次长期休息。1839 年底，达尔文添了一个儿子。

他对儿子的观察后来反映在他写的《论感觉的表现》这本书中。父亲爱孩子的情感是如此地强烈，以致连他本人都觉得有点意外。

但是，事情也有不幸的一面，达尔文结婚以后，埃玛一共生了十个孩子。其中，长女安娜·伊丽莎白、次女玛丽·埃莉诺和最小的儿子查理·弗林均幼年夭折。虽然他的其他七个孩子有幸长大，但都患有这样或那样的疾病。他的二儿子乔治、三儿子弗朗西斯、五儿子霍勒斯后来都成了著名的科学家，可是他们兄弟三人和终生未嫁的四女儿伊丽莎白均患有不同程度的精神病。乔治特别喜欢谈论别人的病痛；弗朗西斯被达尔文称为“忧郁的小伙子”；霍勒斯总说自己有病；伊丽莎白多疑，有时用装病来引起父母的同情。其他三个孩子：长子威廉、三女儿亨利埃塔和四儿子伦纳德，虽然没有明显的精神病症状，但他们婚后却都没有留下后代。

进化理论的建立

之后，达尔文继续整理自己的地质论文，尤其是对《珊瑚礁》和《南美洲的巨漂砾和冰川》的整理。他在地质学会做《关于某些火山现象之间的联系》的报告，他研究《贝格尔号动物学》的鸟类部分，鸟类学家在耳路德对这些南美洲的鸟进行了鉴定和描写。

在此之前，达尔文一直没有停止过从事关于物种和变种的研究工作。1841 年 1 月，他写信给经验丰富的养禽专家福克司说："您把各种动物通过杂交所产生后代的记述寄给我，我感到特别开心。"达尔文请求福克司，如果他那里有杂交的非洲猫死去的话，请把它的尸体装在一个小盒子里寄过来，以便于得到它的骨骼。达尔文还请求将由杂交而生出来的鸽、鸡或鸭也寄来。这些东西在达尔文的眼里都是宝贝，比得到任何东西都更有价值。

中年时的达尔文

1841年初，达尔文的《珊瑚礁的构造和分布》终于问世了。这部著作的成书情况是非常有趣的。在这部著作中说到了达尔文所使用的不同于他的其他所有著作的那些方法和特点。第一是高度的概括性：他寻求并且找到了最能充分说明被考察现象的内在规律；第二是内容的广泛性：他掌握了研究对象的所有细节；第三，他并没有吹嘘他在总结时所遇到的各种困难，不但如此，他好像预先就在寻找这些困难，为的是去克服它们，对它们加以专门解释，从而预防人们可能向他提出各种反驳意见；第四，他能从各个方面观察他所研究的对象，在对这些东西进行考察时，他既是地质学家和地貌学家，又是动物学家。总之，他是一个广义上的博物学家。由于达尔文在“贝格尔”号考察的行动中所获得的资料是非常有限的，对于某些解释的地方是比较模糊不清的，但是广大的读者还是对达尔文在此次航行中能够克服各种艰难险阻的精神表示敬佩，对于达尔文的思想，读者是相信并且是比较接受的。

在《珊瑚礁的构造和分布》这部著作的第一章里，达尔文记述了他考察的环形岛、珊瑚岛。对于这些岛屿的起源问题达尔文曾经有过一些没有根据并且很不正确的假设。他描写了他亲自研究过的环形岛基地，描写了暗礁外缘的珊瑚以及围成礁湖的珊瑚式藻类地带、礁湖本身、下沉到礁湖底层的深积物以及靠吃淤泥和珊瑚生存的动物，描写了暗礁和小岛屿的变化情况。他特别强调地指出，所有这些为数极多而又分布极广的岛屿露出海面并不高，而如果从礁石的表面算起的话，海洋通常是很深的，这样形成环形岛的基地就需要有很大的陡坡。

在该书的第二章里，达尔文还谈到了堡礁，宽阔的水道和礁湖把它们和陆地分离开来。他以围绕一个岛屿或一个群岛堡礁的若干例子表明，堡礁的形状和结构非常近似环礁的形状和结构。为了比较详细地介绍堡礁的形状和结构，为了让读者阅读起来更加轻松，达尔文还运用了一些平面图来进一步解释。

在第三章里，主要谈的是岸礁，它们距陆地比堡礁近得多，而且在它们与海岸之间，并没有像礁湖那样深的深水地区。

达尔文在第四章里详细地叙述了珊瑚礁的成长。他在这里论述了珊瑚礁生长的有利条件，譬如说珊瑚礁的生长的速度以及形成暗礁的珊瑚虫生活的深度。对于他所有的论断来说，最为重要的一点是，这些珊瑚虫在低于最低限的深海中不能茁壮成长。

第五章在该书中起着重要的意义。达尔文批判了过去关于环礁在喷火山口或在由沉积物水下浅滩上形成大群岛的假设，最后形成了他自己的学说。他认为，堡礁是由岩礁形成的，而环礁是由堡礁形成的。这种形成，一方面是通过陆地缓慢下沉，另一方面是通过暗礁的珊瑚增高来进行的，而这种增高过程就是让珊瑚在阳光、氧气和水的运动都极其有利的条件下生活的。为了阐释自己的思想，达尔文运用了简略而又直观的示意图来说明了这一点。

在最后一章里达尔文对珊瑚结构类型的分布情况做了详细的说明。并且他在地图上用不同的颜色表示这一分布情况：深蓝色表示环礁的分布情况，浅蓝表示堡礁的分布情况，而红色表示岸礁的分布情况。达尔文根据自己的理论用蓝色表示他假设的下沉部分，红色表示升高部分或定态部分。从地图上我们就可以一目了然地看清这些东西。

1842 年达尔文曾到过梅尔和什鲁斯伯里，并很有可能在那里小住了几天。正如他后来在回忆时所说的：在这段美好的日子里，关于物种起源完整理论的概要终于成稿。《概要》的手稿后来藏在唐恩庄园里一个楼梯下面的壁橱里，这个壁橱没有装其他东西，后来达尔文把他不想销毁的东西都放在这里。手稿放在这里一直没被人发现，直到达尔文死后十四年，他的继承人拆毁庄园想重建时才发现它。手稿看起来是非常有趣的，所以达尔文的儿子弗朗西斯·达尔文在纪念查尔斯·达尔文诞辰一百周年时把它加上注释并出版了。要做到这一点是非常不容易的，因为《概要》是达尔文仓促写成的，而且有的地方涂涂抹抹，再加上是用铅笔写的，经过这么久远的年代，有些文字已经分辨不清了。《概要》行文简约，因此很难读懂。在《概要》的一开头，达尔文就用几行字非常清楚和准确地表达了关于变异的思想。

达尔文从使他感到不舒服的烟雾迷漫的伦敦来到农村，在梅尔、什鲁斯伯里从事这项工作，在这里达尔文感到空气是新鲜的。本应让自己休息一下，但是，他已习惯于工作，而在这里他只是改变工作的题目罢了。可能是因为撰写地质论文的细致工作使他有些疲倦，他需要把这一工作暂且搁置，他非常喜欢思考和修改关于物种的笔记。他深信，物种总是变化的，一些物种可以演变成另一些物种，但他也知道，这种意见可能会遭到强烈的反对，目前还存在着一些问题。对所有这些困难都要进行分析，困难到什么程度，他自己清楚。无论在任何情况下，他都不会再相信物种是可以创造的，这是个非常严肃的问题。他要写出一本公正诚实的书，以此来表达自己的信念和自己所有的疑虑。因此，应当比较明智地做事，应当从不致吓跑读者、从读者能够同意的东西开始。而任何一个只要稍微懂得一些畜牧业和有植物栽培经验的人都会知道，人是如何在有力地改变着动植物，培育出大量的新品种。为什么人能够改变动植物，而动植物不能够被自然界所改变呢？首先应该说，人在培育新品种时使用的手段，实际上就是自然界在创造那些变成物种的生物时所用的手段。如果用这样的形式去阐述进化思想，读者也许就不会抛弃这本书，并对自然界中各种形态进化可能产生一定的兴趣。然后就举出赞成和反对各种物种都起源于共同的祖先这一学说的证据。然而，最重要的是，未来的“提纲”也正是由于这一论断而确立的。

因此，最重要的是为了杂交要挑选畜牧家希望发展的最好种畜，这对于培育出新品种是十分有利的，而并不是杂交本身有什么意义。在许多发芽的植物当中，即使它们是出自于同一果壳，植物栽培学家也会把最符合他意愿的优良的植物留作种子，人就是用这一手段来培育新的变种、变族或品种的。但是，为了选择，必须从什么东西中挑选，使优良的动植物能传宗接代，而使劣质的动植物后代尽可能被淘汰。在这里，他想起了不久前读过的米勒的书，上面说：在同一时间生下来的孪生子女，很显然在母体中是生活在同样的环境中，受到同样的影响，然而往往在诞生时就有很大差别了。就是同一窝崽子，在色彩和品质方面也会有差别，尽管它们生活的条件看起来完全一样。同样，平常用同一个果壳里的种子，种在同样的土壤里，在同样的条件下，却会长出彼此不同的植物，正是利用这差别，植物栽培学家们才从中选择了优良品种，并在下一代中继续培育。

实际上，人们在早期生活中早已经开始以运用“变异是伴随着繁殖的过程而进行的”这一规律了，只是我们人类并没有发现而已。

为什么人们用不同种类的动物作种畜，而用不同种类的植物作种子呢？因为人们希望它们的后代会表现出优良的特点来。

除了保持得到的已被加强的新品质外，还要防止与不具有这种属性的类型进行杂交的影响。如果杂交是偶然的或自由的，杂交物一定会失去其优秀的特征。在《概要》中，达尔文提到了以上所有的怀疑。

达尔文提出了影响生物的两种方法。第一种是外部条件的直接影响，例如营养对动物生长的影响；第二种是间接的，如肥猪的出现是由于在市场需要的压力下，人通过选择小的变种培育出采购动物油脂的商人所需的特种猪。

由于人类不管这些物种是否适应生存，而只选择对人有益的物种，却从来不对物种的变异进行判断，因此，这就暴露了人工选择的不足之处。

所以，他只概括性地指出了“改变家养生物的各种原理”，他后来称之为“人工”选择。同生殖有关的变异为选择提供了可能性，原因是从事选择的人，把选择出的生物特征固定下来并积累起来。他后来尝试把这些原理用于自然界中的野生类型。虽然当时达尔文还认为，变异在自然界中比在家养状态中要少，但他后来搜集的材料改变了他的想法，达尔文才明白自然界中的变异并不少。当然，受环境的直接影响，自然界中的巨大变化也应该在生物中表现出来。

虽然，在平常的生活中，人类的选择看起来和自然界的选择之间是毫无关联的。但是达尔文知道，他将要面对两种主要的反对意见：一、差别的大小；二、家养的变种：彼此杂交的优良生育力和自然界的物种杂交的不育情况。这迫使他花去很多时间来研究在物种相互杂交时不育的问题。他在《概要》中证明，不育的情况在物种的特征方面以及在种族杂交方面都有所体现。相反，在物种杂交时却往往有生育力，但是还存在各种程度的不育情况，也就是说，这里存在着各种过渡阶段。对于人类器官的发展和动物的适应性，他也感到迷惑不解，是什么样的因素使得这些事物变得由简单发展到复杂的呢？

达尔文花了很多精力对本能化发展这一问题进行了研究。他所要告诉人们的不是本能是如何起源的，而是要向人们揭示本能从简单到复杂逐渐发展的过程。他认为，复杂的本能是由两个因素形成的：第一是由天生变化形成；第二是由习惯形成。之后，达尔文对人工选择和自然选择的比较做了总结。

针对近几年来人们在培育品种方面所取得的成绩，达尔文做出总结并证明：人可以无束缚地对品种进行改变。物种在自然界的环境压迫下适者生存，只有那些适应性强的种类才能继续生存下来。

达尔文针对物种起源引出例证，从地质学方面，他指出地质时期的生物淘汰与生物的起源相似，因此地球上一切生物的起源与发展都是必须的。同时他还指出一些物种没有发展过程而突然出现，这只是因为地质年鉴的不完全而造成的。

此时，达尔文开始着手写地质论文，其中包括大陆的升降问题。他把自己的考察和有关这些考察过程的想法，同地质年鉴不完全的思想做了比较。而且他在自己的《概要》中说明，这种不完全是由于在海底升高的情况下，大陆空间的增加会加剧物种形成，但是大量的侵蚀不能使遗迹保留；而陆地的下沉虽然对保持沉积层有好处，但同时又会使陆地面积缩小和消失，最后使这些陆地上的生物灭绝。他在《概要》中得到这样的结论：地质学就是告诉人们在历史的某个阶段某个地方的某一类生物发展的一个侧面。同人类的死亡一样，物种的产生和灭绝也都是自然界发展的必然规律。

达尔文接着谈了有关进化的地理证据。他指出生活在不同地理区域的哺乳动物群之间是有差别的，产生这一差别的原因是障碍物的产生。为了说明这一点，他提出了自然选择和障碍物的作用的说法。

达尔文在专门谈分类的这一章中指出，所有的分类学家总是尽可能使其自然化。他们并未确定这个自然体系是什么，但很快就感到，他们是如何向人们解释“种属关系”或“相近性”这些术语的。适应的特征更容易发生变异，而且不能利用这些特征来形成种属。达尔文认为，物种之间的“种属关系”证明了他们都起源于同一个祖先。同时，他举了一个前肢构造的总平面图的例子和某些胚胎的事实。最后他指出变异一般出现在物种的胚胎期发展阶段。最后他还解释如果物种从祖先那里遗传的器官长时间不使用，这些器官就会发育不完全或退化。新的理论推动了生物学的发展，同时也提出了许多新的问题，有待人们去发现。概括过程使生物与进化过程相统一、相一致。

1842 年，达尔文的自然选择的进化理论已经初步建立。在此进化论中，达尔文引证了大量的事实和材料。由于达尔文当时并没有找到足够能够让人感到信服的材料来论证自己的观点，因此，他的思想很难得到广大人们的认可。在当时，达尔文只不过是以一位初露锋芒的地质学家的身份出现在科学界的，因此并没有受到很多人的关注。

科学放在第一位

之后的几年里，为了集中精力写好《物种起源》一书，达尔文阅读了很多新出版的有关生物学的著作，并与虎克一同探讨华拉斯登的《马德拉群岛的昆虫》中的论点，并对昆虫无翼现象发表自己独特的见解。

在这之前，达尔文对研究鸽子这类家禽产生了很大的兴趣，因为爱好养鸽的人已培育出各种不同的品种。

达尔文同著名的家禽专家捷格特迈耶尔通过大量的信件，即便是细小的问题和琐事，只要是达尔文感到有疑问的各种各样的问题，他都跟懂行的专家商量。这是达尔文一贯的工作作风，因此他的著作经常援引各个专家、权威在这个或那个问题上的意见。

他专心致志地研究他所搜集的大量事实，并用合理的理论来解释这些事实。

经过长期的思考、分析、学习和研究之后，达尔文于 1842 年写出了长达 35 页的进化理论的初稿，其内容介绍了生物进化论的基本观点。但是，达尔文觉得还不成熟，因此他并没有急于发表他的学说，写完后就放在抽屉里。他还想不断地增加新的证据，用丰富的事实论证他的理论，并把他的理论进一步系统化。

1844 年，达尔文把这篇初稿拿出来重新修改，写成了第二稿。写好以后，达尔文依旧觉得不成熟，没有到公开发表的时候，因此，达尔文只是拿去请他的一位好朋友看了一下，征求他们的批评意见。

早在 1856 年初，赖尔就建议达尔文尽可能完整地阐述自己的进化论观点，劝他无论如何要把第三稿写出来，因此达尔文就很快开始写他的物种一书。但这并不是尽人皆知的《物种起源》。赖尔建议他在准备这部内容丰富的书时，应该立刻发表他的观点和概要，以便抢先取得理论上的优先权。可是达尔文认为这是不可能的。因为他的学说是由许多论点组成的，而每个论点都需要用事实来证明，如果忽视这些证明，是不可思议的。他不同意赖尔的意见。

最后，经过一番痛苦的思想斗争，写作所需要的概要意图也失败了。他只好按原计划办，即使要花费很多时间，他也要写一部详细的、论据充分的物种巨著。于是达尔文时断时续地写作《物种起源》的第三稿。

华莱士

没想到，1858 年的一天，他的妻子给他念了一封从马来西亚寄来的信。原来，达尔文的一位朋友华莱士通过长期考察以及总结，也形成了“生存竞争，适者生存”的进化思想即生物进化论！华莱士要求达尔文给他的论文做出评价，并请达尔文帮他发表。这使得达尔文深为震惊。

读了信之后，达尔文心潮起伏，久久不能平静。他当时的感情是很复杂的：华莱士开始着手研究物种起源的时间，比达尔文晚得多，如今他先于自己把论文写出来了。而在最近这两年，达尔文已经写完了十章，基本上完成了全书的一半。

朋友们劝达尔文不必再写新的概要，而林耐学会提出可能证明自己优先权最低限度的概要是：第一，《1844 年概要》中的《自然选择》这一章；第二，1857 年 7 月 5 日达尔文致爱沙·葛雷的那封信。这封信对表明达尔文的观点从 1844 年到 1857 年依然未变这一事实是非常必要的。达尔文在自传中回忆：1842 年，他在唐恩呆了好多年后，忽然发现这个原则。他又说祖先与所有生物随着自己特征起变化的倾向有所不同，证明这一原则的基础在于自然界中兴旺发达的生物变异后代，在自然界中占据了尽可能多的资源，这说明现代分类的原则，是极其重要的。

所有三个文件上面提到的达尔文论爱沙·葛雷的信和华莱士的《论变种的倾向》，使达尔文的朋友感到十分惊奇，因为他们认为他本来很早就可以交给学会的。1858 年 7 月 1 日，召开了协会全体会员的紧急会议，会议内容是选举协会副主席，以接替逝世的植物学家罗伯特·布朗。6 月 29 日，达尔文派人把全部材料送给虎克。6 月 30 日，材料被虎克和赖尔同时交给宾尼节纪。

7 月 1 日，达尔文没有出席林耐学会会议。华莱士这一事件以及家庭琐事把他弄得情绪低落，更何况此时他身体非常不好。达尔文和华莱士的论文是由学会书记按照惯例宣读的。出席会议的只有赖尔和虎克，他们强调报告提出的问题具有十分重大的意义。

1858年7月1日，林耐学会会议的全部记录、赖尔和虎克给学会的信以及达尔文和华莱士的整个报告，都在8月份的学会杂志上发表了。

由林耐学会报告而引起的反应和家中各种不安使达尔文感到非常痛苦。于是他到怀特岛的海边去旅游。

当不能搜集资料而拖延写作时，达尔文便回来准备写关于物种这部巨著的《摘要》。从7月20日到8月12日，他每天工作几小时，但是，他很快就感觉到，《摘要》比他估计的要长得多。他可以把说明某些论点的根据限制在最低限度内，但为了不贬低自己的思想，他也不能完全抛弃这些证据不用。仅自然选择的第一章，在手稿中就占了44页。

在林耐学会上虎克建议把书分成许多单独报告，达尔文欣然同意。他要立即发表《在家养下的变异》，否则他会感到遗憾。因为这一部分已同其他部分十分紧密地联系在一起了。到12月底，达尔文已完成300页手稿，还应写150页到200页。

早在1858年9月，在英国科学协会开幕式上，动物学家理查德·奥温，在大会上分析了"物种创造或形成"的问题。叙述了达尔文和华莱士的观点之后，奥温试图将创造力和预先规定的生物形成原理相结合。生物的目和种应该一个接一个繁衍下去，因此创造出来的东西不断地弥补已灭绝的东西。奥温认为，达尔文和华莱士只是把他的"原理"推广到用变种代替典型生物的层次上了。

然而，正如斯·尔·索博利所指出的，这位著名的生物学家在他的发言里想误导人们的两个对应观点。部分拥护者认为，物种起源是通过创造活动；另一部分认为，物种起源是进化的“自然”进程。这次发言对达尔文的事业起到了促进的作用。因为查德·奥温的发言是在代表大会广大听众中讲的，英国最著名的学者和技术专家都出席了大会。这次会议后，人们期待着达尔文著作的发表。

列文虎克

《摘要》的写作进展非常缓慢。到1859年3月，他才写好关于地理分布的一章，并把它寄给虎克审阅。3月16日，达尔文写完该书的最后一章。

赖尔想知道出版者是否愿意出版达尔文的书。达尔文在3月底听到这一消息，并且看到他的书愈来愈处于出版的有利地位，非常高兴地接受了在穆瑞那里出版的想法。他向赖尔提出了很多问题，并请他提出建议。

对于书的标题，大家引起了争议。达尔文建议书名是《关于通过自然选择的物种和变种的起源一书的摘要》。但穆瑞坚持将书名定为《摘要》。赖尔反对“自然选择”这个术语，然而达尔文对此坚持己见。他认为这些术语是畜牧家常用的，对于表明家养动物和野生动物的选择或者育种原则的共同性是很合适的术语。他只限于说明“在生存斗争中保存那些得天独厚的品种”这一术语。

《摘要》一书在4月初开始排版，而到了6月时校样就已出来了。由于达尔文觉得文体一点都不满意，十分差劲，所以他对此书进行了修改。后来穆瑞说他“几乎是全部重新写了一遍”。达尔文努力使文体清楚易懂，事实准确，另外他又把校样寄给了自己的朋友赖尔和虎克检查。他期待他们俩还会在事实和论据上改正一些错误。

最后的清校终于在10月1日校完。达尔文的健康状况也越来越不好，于是他就到约克郡的艾克雷水疗机构休养去了。在那里，开始的三个星期，不太习惯的闲散生活使他重新拥有了体力，这促使他继续为虎克审阅《澳洲植物志》的《绪论》。

于1859年11月24日出版的这一划时代的巨著《依据自然选择和物种起源》中，达尔文根据二十多年来积累的资料，以自然选择学说为中心，从遗传、变异、人工选择、生存斗争和适应等方面论证了物种的起源。该书强调自然选择在生物进化中所起的重要作用，给神创论以沉重的打击。《物种起源》是关于生物进化理论的重要著作，是生物学研究史上的新的里程碑。该书共出版了1250册书，但是惊人的是，在当天全部销售一空。可是达尔文认为该书的价格好像太高。

为什么第一版能如此成功地销售一空呢？勿庸置疑，正像穆瑞表明的那样，这是因为在林耐学会会议进行期间，大博物学家达尔文正在准备写一部优秀的物种起源方面图书的消息，引起了人们越来越大的兴趣。古生物学家奥温在利兹会议上的发言已为这本书的出版做了宣传。

尽管华莱士的论文一发表对达尔文获得头功的机会大打折扣，但是，达尔文是一位品德高尚、胸怀宽广的科学家，他并没有提前发表自己的论文，而是选择了和华莱士一起发表。华莱士读了达尔文的《物种起源》，深为达尔文那深刻的见解和慎重、谦逊的精神所感动。华莱士也是一个很谦虚的人，他认为达尔文确实比自己高明得多。他提议，把生物进化论定名为“达尔文主义”，而他则以自己是一个“达尔文主义者”感到自豪！

达尔文和华莱士在科学上的友谊是多么诚挚、感人！这是因为他们不是把个人名利放在第一位，而是把科学放在第一位！

第四篇　关于达尔文理论

我在科学方面所做出的任何成绩，都只是由于长期思索、忍耐和勤奋而获得的。如果说我有什么功绩的话，那不是我有才能的结果，而是勤奋有毅力的结果。

——罗伯特·达尔文

关于《物种起源》

达尔文一生中最光辉的年代是1859年。有关生物的基本思想是在他乘“贝格尔”号做环球旅行时产生的。二十年来，通对大量的事实研究和搜集，经过冥思苦想和艰苦劳动，最终达尔文在僻静的唐恩将这些思想整理成书。这些思想相当有条理，有时以简略的归纳、有时以系统的叙述表达出来，有时又以最详尽的著作形式呈现，最后则展现在广大公众面前，而且肯定会引起公众的讨论，受到他们的评论。这些评论中有赞赏和惊讶，但是也不缺乏不怀好意和不公正的评价。

《物种起源》一书的出版，不仅对达尔文的个人具有历史意义，而且使19世纪50年代至70年代大批学者对生物界的观点和对人在生物界中的地位的观点开始有所转变。因此，达尔文的《物种起源》被誉为19世纪自然科学的三大发现之一。这种转变就像在16世纪时哥白尼指出地球在宇宙中的位置而实现的转变一样。但在此以前，为捍卫达尔文这一进化论学说，学术界已经进行了十年的尖锐斗争。在十年的斗争过程中，达尔文思想以及他本人，常常受到粗暴的、恶毒的和不公正的攻击。

达尔文五十一岁时的照片

达尔文是一个非常谦和的人，甚至对自己的对手也十分有礼貌，而他的一些朋友和拥护者却经历了最激烈的斗争时刻。但是，不管这些人的作用多么大，达尔文越来越多的拥护者所使用的武器，还是他那部不断翻新版本的出色著作《物种起源》。这部著作不知不觉地击倒了各个对手，坚定了动摇分子的信念。与此同时，越来越多的人们开始在寻找真理中接受了达尔文的思想，成为达尔文思想的信仰者，成为达尔文的朋友。

文如其人，《物种起源》一书讲述的是“一个长的论据”，在整个进化论理论中都用到了《物种起源》中的内容，尤其是用来论证对这种进化原因给人以最完美说明的自然选择理论。这部书是根据1842年和1844年《概要》中所拟定的那个明确的、有逻辑性的提纲所写的。

达尔文从人工选择转到自然选择，“生存斗争”是自然选择代替人工选择的主要原因。就理论的难点来说，达尔文还有一些问题尚未解决：一是变种如何成为物种，二是为何没有过渡期。在《物种起源》一书中，他提出并深入地研究了“中间类型的性状分歧和灭绝原理”。达尔文认为，近似类型之间的生存斗争特别激烈。竞争者的生活方式和特性越相似，彼此之间的竞争就越激烈，反之，随着新的不同特性的获得，竞争也逐渐减弱。达尔文在《物种起源》一书中引用了许多很有说服力的例子。

达尔文先是设想变种的起源，后设想物种的起源，从而总结了中间类型的性状分歧和灭绝的原理。他构思了一个例子叫作“狼——鹿——羊食物链”。一只狼如果想生存就必须捕食鹿和羊，这样就要求它既要跑得快，又要力气大。这样强者生存，那些既跑得不快、力气又不大的狼就必然会被淘汰。这就是达尔文的理论核心。

同样的情况我们在进行人工选择时也可以看到：如果产生出某一个新品种，它就会把自己的先辈排挤掉。达尔文认为，自然界发生的情况也是这样的，如果在一个种群内部生存斗争很激烈，最终保存下来的都是在某方面有专长的极端类型。物种后代差异越大、彼此间习性和特征的区别越大，则在自然界中争得的空间就更多。之后，达尔文对于这一理论的其他难点也进行了论述。

达尔文用当时的几个例子表明，即使是在这里他也能够而且也需要承认，由简单的事物发展成为复杂的事物，都需要循序渐进。达尔文证明，即使是现在也不可能找到一些生物拥有现代另一些动物身上存在着的、向更完善的器官过渡的器官。达尔文在自然界中找到一些过渡的例子来阐述这些复杂本能的发展情况。

达尔文的《物种起源》

《物种起源》的特点就是达尔文对自己的理论做了长达几章的批评。在该书中，达尔文非常诚恳地坦言上述理论中的难点，不像那些坚持自己观点的作者那样，不去理会这些难点；而且让自己的对手找出自己在理论和结论方面的弱点，并预见到一切可能提出的异议。然而，达尔文并未使这些异议留在脑海中，他总是对这些异议加以分析，并努力使那些难点与自己理论的论点一致起来。正是由于多年来达尔文一直遵循的一条原则：“一个科学家越是诚实，对自己越要求严格，那么别人要想反对他就越困难。”所以这本书才得以成功。华莱士对达尔文曾经有过这样的评价：达尔文从来没有得到过暂时性的成功，但是成功本身却总是跟随着他。

之后，达尔文谈到通过选择来得到足以说明进化理论的证据。不管地质记录是多么零乱，各种生物在出现时间方面的连续是一个众所周知的事实，在达尔文看来这是和他的理论相符合的。而生物的地理分布及生物在难点方面的不同进化情况，其难点起作用的时间越长，其进化情况就越不同，这些都证明他的理论是正确的。最后，以生物的分类、生物的体系、以“性状分歧”原则的观点来解释的“系谱表”，证明了属于同一类别的各种类型所具有的一般古代性状，所有这一切都证实了他的理论。在《物种起源》一书结束的时候，达尔文得出这样的结论，那就是：物种通过自然选择而起源的理论要比创造论者的理论优越得多。

这本书仍是在1842年和1844年《概要》基本思想的基础上写成的，而且书的总体结构也几乎没有什么起伏变化，唯一的区别之处在于该书对全部材料进行了彻底的加工。《概要》中有几章做了进一步的阐述，并且由于增加了一些新的材料而使内容更加丰富了。从另外几章中选取了最具意义的材料，而其余部分则删除了；还有几处重新做了修改。对原来的《概要》来说，有两处比较明显的增补：一处是关于中间类型的性状分歧和灭绝原理；另一处是关于鸽子的起源。

但是不仅是全书的大纲和思想的逻辑发展决定了这本书的风格，而且书中更为详细的叙述方法也为该书增添了不少色彩。达尔文从来没有忘记，各种类型的物种借助于自然选择而进化的观点比每个物种是由创造而产生的旧观点更加优越，达尔文认为使读者相信这一点是写书的基本目的。自然选择理论中包含了达尔文指出的几个前提以及由此得出的几个逻辑结论。这是一种复杂的理论，达尔文对每一个前提和结论，都必须积极、严肃、认真地以最有说服力的方式加以论证，并且用一些实例来作论据。此外，他还必须对理论中的困难加以阐述和分析，驳倒对这一理论的一切异议，同时也必须对这一理论的那些最重要的结论加以论证说明。所有这一切都要求对大量复杂的材料了解得相当透彻，论述得相当细致才行。否则，读者很容易被这样的材料搞糊涂，使读者忘记了某个例子在总概念中处于什么位置，在总概念中某个论断又起着什么作用。总之，由于细节繁杂，因此极易使读者感到疲倦，为了使读者能够比较容易地抓住本书的基本思路，达尔文在该书的绪论中也简明扼要地叙述了这一思路，并指出他是如何对该书划分篇章的，每一章结束时他都对本章的内容写出一个提要并重复其主要结论。全书结束时，他写了《复述和结论》，再一次对人工选择和自然选择理论的基本原理进行了详细的阐述，还连续不断地检查了分散在全书各处的所有的异议，并且再一次集中地检查了所有论证。看来，这些论证比那些异议的说服力要大得多，所以读者自然就能得出结论来。但达尔文认为这样做还是不够的。

在每个提要的最后以及几乎在每一章的最后，达尔文都特别地加上一句自己精心编写的结束语，在这句话里他再一次强调有关选择和进化的思想。为了使读者更加注意这些结尾部分，他常常在结尾处用大写字母写上相似要素的名称，如“变异”“选择”等等。

在该书的《结论》的结尾有这样的一句话：“而且，我相信‘自然选择’是最重要的因素，但不是世界上仅有的变异因素。”

第一章《在家养下的变异》的结尾是：“‘选择’的累积作用，无意识地、缓慢地但更有效地进行，或是有计划和迅速地进行，找出这些引起‘变化’的原因，似乎是最重要的‘力量’。”

第三章《生存斗争》的结尾是：“当我们想到这种斗争的时候，我们可以引以自慰的是自然界的战争是有间断的，而且不会感觉到任何恐惧，死亡一般是迅速的，而强壮健康和幸福的生物则得到生存和繁殖。”

第四章《自然选择》是重要的篇章之一，它的结尾是一段很长的比喻。与达尔文理论的通俗著作有关的文章经常引用这个比喻：

“我认为同一纲中一切生物的亲缘关系有时可用一株大树来表示。这个比喻是很符合实际情况的。绿色的、发芽的小枝可以代表现存的物种；数年前生长出来的枝条相当于要灭绝的物种。在每一生长期中，所有小枝都向各方生出嫩枝企图遮盖并弄死邻近的枝条。在物种群的生存斗争中，各物种时时刻刻都在战胜其他的物种，正分枝为各个小枝，当还是细枝嫩芽时，新旧芽由分枝相连接的情景可代表分群后现有的和灭绝的物种。当这株树仅仅是一株矮树时，也许只有两个或三个小枝被保留下来，成长为大枝，并且负担着其他的枝条；同样生存在久远的地质时代的物种，只有少数物种遗留下现在变异了的后代。从树开始生长的时候起，许多巨枝和大枝都已经枯萎脱落了。这些枯落了的、大小不等的枝条，可以代表那些没有现存代表的、已成为化石状态的全目、全科及全属。比如在某些地方我们可以看到，在已成为废物的旧树枝上生出的细小枝条，由于偶然还在顶端生长着，我们可以看见鸭嘴兽或鱼之类的动物在某种程度上的物种延续了下来，在竞争中得以幸免被淘汰。生出的新芽，健壮的则分出枝条遮盖和压倒四周较弱的枝条。所以我认为，这巨大的‘生命之树'在其传宗接代中也是这样的，用它的枯落的枝条填充了地壳并且用它的分生不止的美丽枝条遮盖了地球表面。"

第六章是《学说的难点》，这一章的结尾部分也特别引人注意。这里达尔文极其巧妙地把居维叶以模式统一法则和生存条件法则所表达的神学论原则和唯心论原则变为自己理论中的语句，使其变为因果关系的语言。他把模式统一看作是遗传作用和自然选择的结果，因为自然选择使生物变异，使生物无论何时都适应"生存条件"。

这一章的绪论是这样写的："人们都承认，一切生物是依照两个大法则即'模式统一'和'生存条件'形成的。模式统一是指我们在同纲生物里看到的，对与生活方式毫无关系但构造上基本相似。生存条件法则，实际上源自器官本身受到外界生活条件的直接影响，且在任何情况下都受生长和变异各法则的支配。因为通过以前的变异和适应的遗传把'模式统一法则'包括在内了。"

第八章《本能》，被他删去了许多关于复杂本能的例子。其实关于这方面的发展情况达尔文早就很想研究了，他在《概要》一书中收录的不少例子被他删得最后只剩三个。第一章的结尾是这样写的："有些东西，比如婴儿刚生下来就会哭着要奶吃，人渴了要喝水，困了要睡觉，这些都是属于本能而非物种进化。"

第十章在《论地质纪录的不完全》的结尾，达尔文淋漓尽致地使用了赖尔的一个比喻："我们的力量是比较小的，研究的范围也不会大，只涉及到一部分地区和国家，因此我们的成果是不全面的，有些甚至是错误的，所以还需要更多的人深入考察研究。"

第十二章和第十三章谈的都是《地理的分布》。因此只是在第十三章的最后才做了总结："在我们的书里，任何的物种变化都是具有连续性的，从远古到现代它们之间都有联结性，不会中断，这种变异也是自然发展的必然结果。"

最后一章《复述和结论》的结尾部分，同时也是全书的结尾部分。最后一次列举了几个最重要的理论，并将主题升华到了弄清世界上一切生物的繁衍过程的层次。大自然的一切都那么美好：小河旁，大树下，花草丛中，鸟儿在林间歌唱，虫儿飞来飞去地玩耍，泥土还有蚯蚓帮它捶背；这个世界没有一件重复的物品，就像你绝对找不到两片一模一样的叶子一样；一切生物都是相依为命的，它的繁衍也是不断的，但是竞争使它们弱肉强食，最终弱者被取代，也产生了高级的动物——人，所有这一切的一切都在无限地发展着。

该书结尾的这些话更好地说明了本书的内容，因此，这些结束语是必需的。通看全篇，书中所述的内容都给人极大的空间去思考和修改，达尔文用事实论证法说服大家去相信他的观点，不强迫人去接受。读者在读他的书时就好像与他一起在旅行、考察、研究。当然达尔文自己仍不断地搜集事实去证明他的观点，他自己在渐进的过程中证明，也让人们在渐进的过程中去认识。

鉴于达尔文的书十分贴近读者的思想，因此，他的书在很短的时间内被人们接受了，还吸引了一些追星族。人们都在茶余饭后热烈地讨论着这本书，认为这儿好或那儿好，对自然进化给予了充分的肯定。

人们都对物种的分类问题提出了自己严谨的看法，达尔文认真虚心地倾听了这些建议和看法。

当然，也有一批人对达尔文的观点持反对意见，而且这些反对者的人数也在与日俱增。还有些人虽然不同意达尔文的理论，但对作者的不辞艰辛、对科学的执著追求给了应有的肯定；当然，有些人也发现达尔文的研究方法本身存在着一些不足，其中有许多理论不能从他收集的材料中直接得到。最后，有些信仰宗教的人对达尔文的理论持坚决否定的态度，这是可以理解的。类似情况其他科学家也遇到过。达尔文非常明白，自己的观点在短时间内是很难被广大的读者所接受的。

历史上，每一种新观点的提出必将受到陈旧观点的冲击，因此，新观点的诞生必将引来一场难辨胜负的争议，达尔文思想的提出当然也不例外，要想让所有人接受达尔文的物种起源的理论思想还是需要一定的时间的。

背景知识

《物种起源》的意义

《物种起源》的出版是自然科学史上一个最重大的事件，因为它成了19世纪绝大多数有学问的人世界观改变的开始。达尔文发现了我们人类所居住的地球上的有机界的发展规律，从而推翻了“神创论”、“物种不变论”等种种谬说，第一次把生物学放在完全科学的基础上确定了物种的变异性和承续性，在生物科学上为人类作出了巨大的贡献。无产阶级革命导师马克思和恩格斯对达尔文的工作给予了很高的评价，把他的进化论誉为19世纪自然科学上的三个伟大发现之一。

19世纪自然科学的三大发现及其提出者是：

施　旺

施莱登

1.细胞学说：19 世纪 30 年代，由德国的动物学家施旺和植物学家施莱登提出。

2.能量守恒和转化定律：可以说是多人研究的结果。1842 年，德国的青年医生迈尔，写成了他的第一篇关于能量守恒和转化定律论文：《论无机自然界的力》；1847 年，英国酿酒商焦耳、德国物理学家赫尔姆霍茨分别发表各自有关能量守恒和转化定律的讲演或论文；不过，焦耳被认为是最先用科学实验确立能量守恒和转化定律的人，但焦耳和赫尔姆霍茨也承认迈尔发现能量守恒和转化定律的优先权。1953 年，威廉・汤姆生帮助焦耳完成了关于能量守恒和转化定律的精确表述。至此，自然科学中的三大发现之一的能量转化和能量守恒定律宣告得到公认。

3.生物进化论：1859 年，英国生物学家达尔文出版了《物种起源》，阐述了以自然选择学说为主要内容的生物进化理论，给神创论和物种不变论以沉重的打击。成为了 19 世纪自然科学的三大发现之一。

达尔文的进化学说第一次给自然科学中的目的论以致命的打击。《物种起源》一书像一颗炸弹一样投到“神学阵地的心脏上”，引起了整个世界特别是英国保守势力和宗教神学势力的极端惊恐和狂怒，同时也极大地鼓舞了一切拥护科学的进步势力，为生物科学的进一步发展奠定了坚实的基础。

达尔文虽然唯物地揭示了有机界的发展规律，但终于未能成为一个彻底的唯物主义者。此外，达尔文只承认进化是缓慢的、渐进的变化，没有质的飞跃；夸大了繁殖过剩和生存斗争的作用等等。对此，马克思和恩格斯在肯定进化论的革命内容的同时，也给予了严肃的批评。

达尔文所提出的天择与性择，在目前的生命科学中是一致通用的理论。除了生物学之外，他的理论对人类学、心理学以及哲学来说也是相当重要的。

泛生论假说

在 1868 年出版的第二部著作《动物和植物在家养下的变异》花费了达尔文很多时间，达尔文为此也付出了很多辛勤的劳动。

《动物和植物在家养下的变异》一书以不可争辩的事实和严谨的科学论断，进一步阐述了他的进化论观点，提出物种的变异和遗传、生物的生存斗争和自然选择的重要论点。本书是在达尔文五十九岁的时候出版的，晚于《物种起源》。《物种起源》是以摘要形式发表的，其中所依据的一切事实均见于此书。本书刊载了他对家养动物和栽培植物所作的全部观察，以及他从各种文献中所搜集到的大量材料。书中还论述了变异、遗传等原因及其法则和他创立的“泛生论”。

《动物和植物在家养下的变异》是达尔文梦寐以求的计划的开端，他计划把他的选择论和进化论连同各种说明“赞成”和“反对”他理论的事实一并提出来。亲自见过达尔文的俄国著名的古生物学家弗·奥·科瓦列夫斯基，在出版他的俄译本《动物和植物的变异》（根据达尔文寄给他的校样译出的）时，增加了英文原文没有的小标题：《物种起源》第一部。这清楚地证明，达尔文想分许多册出版来扩充《物种起源》，并且详细研究他所搜集的各种材料。

达尔文在《动物和植物在家养下的变异》一书中，表现出他的学识非常渊博：他的著作中有大量的引文，除了纯文献资料外，他还报道了很多他从实践家和专家那里得到的消息，他本人同这些实践家和专家保持着密切的联系。

达尔文的理论之所以具有非凡的生命力是由于他的自然选择理论来源于人的实践和人工选择。尽管许多朋友极力地反对达尔文，但是，他还是毫不动摇地坚持用“自然选择”这一术语，最后“自然选择”还是得到了实践证实！首先他在《动物和植物在家养下的变异》中用几种彻底的、非常深刻的方法研究了这种实践，并且对这种实践做了评论。的确，在归纳这种实践的方法中有一个独到的特点，有些人在不久前还是用傲慢的讥讽态度对待这个特点。

达尔文曾经还借用过前辈的论据和一些科学家的调查研究来证明自己的观点。我们的许多科学工作者都是这样工作的，但是他们在引用时都会注明。达尔文也引用了不少的先例和文献资料，与许多的专家交流，他认为这样会有利于他更好地学习和积累经验。

在该书的前十章里，他详细地将家养动物和栽培植物做了分别说明，并且仔细研究了它们的祖先以及它们被养起来之后发生的变化。在这本书中，对于各种动、植物的理论性质达尔文也分章节地进行了论述。

达尔文对植物的论述在当时是一大进步。达尔文还发现由于嫁接而生的新品种与杂种的植物，所得出的结果没有什么太大的区别，他还发现植物是无性交配的。

有关遗传的那几章，我们应该给予特别的关注。在一开始，达尔文就着重强调说，重新出现的性状通常都要遗传。他说："当一种新的性状产生出来的时候，不管它的天性怎样，一般都具有遗传性，尽管这种遗传性是暂时的，然而有时却表现得极为顽强。还有比以下的情形更加不可思议的吗？即原来不是某一物种所具有的某种微小特点，先通过连肉眼都不能看到的微小的雄性细胞或雌性细胞传递下去，然后经过在子宫或卵巢中进行的长久发育过程的不断变化，最后这一特点在后代成熟时出现。再者，由一头产乳量高的母牛产的卵生出一头公牛，这头公牛的一个精细胞与一个卵细胞结合之后，又产生出一头母牛，当这头母牛长大时，就会有很发达的乳腺，产出具有特殊品质的牛乳，那么还有比这确凿的事实更加不可思议的吗？但是，正如兰得爵士所指出的那样，真正值得惊奇的问题，并不在于一种性状会遗传下来，而在于某些性状有时并不遗传下来。”

实践家们很早就采用建立动物系谱的方法，甚至半开化的阿拉伯人各部族都一直在使用他们的阿拉伯马的系谱，之后才培育出某种有益的家畜品种。他们对跑马、猎犬的各种优良品种也早就开始这样做了。所以，实践表明亲体的一切优良品质通常都会遗传给后代，否则这种系谱也就没意义了。许多观察结果都表明，动植物由于做某种手术而发生的变异或者损害也都能遗传给后代。

大量的实际材料收集在达尔文有关遗传的几章里了，但是令人感到惊奇的是，尽管事实五花八门，可是没有固定的规则说明在何时、何种条件下，什么样的性状能遗传或不能遗传。但达尔文认为，当我们还不能查出遗传或不遗传的原因时，这只能说明我们的无知。看来，性状的稳定并不能由性状遗传的久远性来做保证。只有在生活条件不变的情况下，性状才有可能顽强地遗传下去。他说：“我们都知道，许多物种在自然条件下生活时，把同一性状保持了很长时间，便把它们圈养起来。所以，没有任何性状看来是绝对固定的，有时我们可以用生活条件改变了某些性状的发展来解释遗传的停止……”

达尔文对所谓的返祖现象或返祖性也产生了莫大的兴趣。所谓返祖现象，就是祖先所具有的特性在许多后代的身上都不表现出来，却在相隔很远的某一后代的身上重新出现，这种特征是隐性遗传的。所以，达尔文认为，有不同的力量决定这一隐性遗传。达尔文也注意到了单性遗传这一现象的存在。例如，某些品种的牲畜所具有的只有公牛才有的无角性状通过有角的母牛遗传了下去。他还特别指出，在一定年龄中所呈现出的性状在下一代身上也会在一定的年龄上有表现出来的倾向。

达尔文在研究杂交的过程中，发现虽然植物通常不能自花授粉，但实际上这里也带有一定的法则，有各种各样的过渡形式："有些植物在进行异花受精时，它能产生大量的种子，这些种子发出的苗比较矮小一些；有些植物在进行自花授粉时，产生很少的种子；有些植物不产生种子；有些植物自己的花粉和柱头彼此水火不相容。"这些现象使得达尔文相当地惊讶。

经达尔文研究，他发现血缘的远近是十分重要的：血缘远有益处，血缘近有害处。

在分析外部条件对生物变异的影响时，达尔文又证明说，这种影响是次要的和无足轻重的，但对生物起一定作用。

达尔文想在他的著作倒数第二章中的《关于泛生论的暂定假说》中寻求这种解释。泛生论认为不管什么物体，它的任何一部分分离出来都有能独立进行生殖的遗传粒子和能独立得到营养的遗传粒子——芽球，这些芽球却聚集在性的产物中，每一芽球都能在下一代身上把已成为芽球起源的那一部分恢复，也就是有一部分遗传基因现象。

达尔文一直坚信的遗传性质被证实是正确的，这一假设得以证明对于达尔文是非常重要的。他在书中写道："如果我们假定一种同质的胶状原生动物发生了变异并且呈淡红色的话，那么，这种原生动物的后代也会具有同样的保护色，于是这就使我们联想到遗传的最简单形式。同一观点完全可以适用在高等动物之中：在下一代发育中重要的一点是，芽球在一定顺序与细胞中发生了关系。"达尔文写道："严格地说，不是婴儿长大成为大人的，而是婴儿身上含有胚胎，缓慢地、循序渐进地发育起来而长成了大人。大人各个相应的部分在婴儿身上产生……任何一个动物和植物都可以比喻成一畦到处是种子的苗床，其中有些种子很快发芽了，有些种子过一些时候才发芽，还有些种子死去了。一个生物虽然小却是一个独立的有机整体，过着自由自在的生活。”

达尔文在他所设想的问题中还有不少的疑点，这些疑点一共有六点：一、在发育的哪个阶段每个单位分离出芽球来；二、它们是怎样在生殖器官内结合起来的；三、为什么植物和珊瑚发芽的地方是固定的；四、芽球在体组织消耗中也要消耗吗；五、芽球是不是总是游离的，它们能结合成更为复杂的芽球吗；六、整个细胞及其部分是否都起源于这些复杂的芽球。即便是达尔文的许多朋友都不同意他的假设，但是，达尔文还是一如既往地坚持自己的观点，在他看来，“虽然是被看不起，仍被人喜欢”。在这本书还未出版前，他就把原稿给赫胥黎寄去了，因为他一向很重视赫胥黎的意见。他于 1865 年 5 月 27 日给赫胥黎写信说：“我必须对自己说一句话，我是一个真正的英雄，我居然敢征求您的意见。”

在信中，赫胥黎并没有对达尔文的假设提出一个有利的、支持达尔文的观点以及任何站在达尔文一边的任何话语。赫胥黎说：这种假说布丰从前就曾说过，而且部分地方也为邦纳所解释过。他劝告达尔文不要发表它，可是达尔文没有听从他的劝告。他给赫胥黎的信中写道：“我已读了布丰的书，可笑的是，整整有好几页同我所写的一模一样。然而布丰的观点同我的观点有一个根本的差别，他不认为每一个细胞或组织的原子都会生出一个小芽；相反，他认为液汁或血液都是由‘有机分子’组成，而且有机分子能供营养给任何一个器官，而如果这些有机分子已完全发育成熟的话，就能聚集起来而形成芽和性器官。”

对这部书，批评家们的反应不同。达尔文特别关心朋友们的意见。

正是由于《物种起源》获得了广大读者的首肯与赞同，这也使得《动物和植物在家养下的变异》获得了很高的评价。而且这本书一度非常畅销，由于广大读者表现出热情洋溢的阅读热情，因此导致该书供不应求。第一版出版了 1500 册，但是出人意料地一下全卖光了，为了满足广大读者的要求，所以出版者不得不在半个月后又印了 1500 册。七年以后，第二版在达尔文的精心修改下增加了新的内容。

进化论的精髓

达尔文作为19世纪研究生命史的博物学家，他提出了以“生存竞争、适者生存”为精髓的进化论，这一观点对学术界甚至整个人类的思想都产生了巨大的影响。

在对地球上的生命史进行研究的过程中，我们发现：地球上虽然曾经生存过数以百万计的生物物种，但是在历史上生活过的大多数物种几乎都灭绝了。在最近五亿年以来的历史长河中，虽然某一时代的物种总数变化不大，但是物种的平均寿命却是相当短暂的，就像人类历史中个人的生命十分短暂一样。虽然现在依然生活着不少的生物物种，但是在地球上曾经存在过的所有生物物种中大约只占百分之一。

基于这个现象，我们不难发现物种的新生和物种的绝灭这两个截然相对的现象在生物进化理论中是必须加以阐释的。

在达尔文看来，无论是生物绝灭机制，还是生命产生机制，它们均受同样因素的制约。每一种生物个体都在某些方面区别于其他生物，而其独一无二的特征是可以遗传的。在这个由无数的生物个体组成的大千世界里，自然界进行着别有创意的选择，只有那些具备着某种机能的特征、最能适应其生活方式的物种，才能够幸存下来并不断地繁衍，最后将优秀的品质遗传给后代。而那些不适应者最终必然走向灭亡，因此，其本身体现出来的弱势也必将消亡。当某种变化中的种群因为某种原因与主体演化趋势隔离而不能再发生杂交时，就会变成一个完全不同的新物种。以后，当这样的亲缘关系相近的物种相遇时，二者的生死抉择的结果是适者得以生存，不适者将被无情地淘汰。

达尔文对于适者生存的自然规律是这样解释的："我想，生物界将不可避免地遵循这一规律：在时间的长河中，新的物种通过自然选择应运而生；而另一些物种则日趋减少，乃至绝灭。起源相近的生命形式，同一种群的各种变体，同一属或相关属的物种，都具有近乎相同的结构、素质和习性，通常会陷入最激烈的竞争之中。结果，造成每一个变种在演化进程中势必对最接近的族群施加最大的压力，并力求置之于死地。"

对于恐龙和其他古生物来说，即便是生活在现代的我们也不是十分地了解，而对于达尔文来说就更是了解得少之又少。事实上，早在远古时期，人类就对化石有些许的了解，尤其是介壳化石。这些化石生物虽然与现代物种截然不同，但是它们也可能仅仅代表了生物从一个种属向另一个种属演化过程中出现的一种早期形态。因此，把一种早期生命形态的消失称为绝灭也许并不恰当。但是，在历史长河中，种属灭亡的确是经常发生的，恐龙灭绝也并不例外。

按照达尔文的意见，由于失去了生存竞争的能力，因此导致了这些在 6500 万年前统治了地球达 1 亿多年的神秘动物最终绝灭。动物生存竞争的竞技场就是自然界，达尔文把它比喻成一个“由成千上万个楔子紧密排列成的弹性面，受着连续不断的敲击。有时敲到这个，有时敲到那个”。每一个楔子就像一个生物物种或变种，而每一次敲击就是自然选择的驱动力。由于每一个楔子可以往里挤的空间是有限的，所以要打进去一个就非得挤出去一个不可。

基于马尔萨斯的人口增长空间有限论，达尔文创建了种数空间有限论。达尔文在他的自传里写道：“1838 年 10 月，正是我开始进行有系统的研究后的第十五个月，我偶然读到了马尔萨斯的《人口原理》。当时，我的脑海里已经孕育了生存斗争的思想。根据对动植物生活习性长期不断地观察，我发现这种斗争无处不在。马尔萨斯的著作立刻吸引了我。在有限的空间里，只有适者才能够继续存在，而不适者势必遭到淘汰。结果形成了新物种。于是，我终于找到了一种继续工作的理论基础。”

但是，直到 1858 年，种数空间有限论这一思想才在他的撼世名著《物种起源》中得以发表。由于达尔文一直还想使他的理论更为完善，因此，这本书的发表才拖了这么久；正是因为年轻科学家华莱士也在思考着同样的问题并产生了同样的认识，所以达尔文才将其在该年发表。就在达尔文“出于好奇”而偶然拜读马尔萨斯的《人口原理》的二十年以后，在地球的另一边靠近新几内亚的一个岛屿上，华莱士也因为受到马尔萨斯《人口原理》的启发而产生了与达尔文同样的想法，真是无巧不成书。

华莱士在他的自传里写道：“当时（1858 年 2 月），我身患疟疾，蜗居在摩鹿加岛上的特尔纳特村，每天都要忍受几个小时忽冷忽热的煎熬。病中的我浮想联翩，物种起源问题也总是在脑海中萦回。一天，突然又想起了马尔萨斯的《人口原理》（10 年前曾读过此书）及其所谓的有效控制机制——战争、疾病、饥荒、突发事故等等，这些机制可以控制野蛮民族的人口。于是我联想到，这种控制机制当然也适用于动物，使其数量不至于无限增加。但是对这些控制作用如何形成物种，我只有一些很模糊的想法。然而一瞬间，适者生存的思想闪过我的脑际。总的来说，这些控制作用将使较劣者灭亡。我想到，动植物的每个新世代都存在这样的变化，同时，气候、食物和天敌的变化也在不断地进行，物种的变化过程使我的脑际清晰起来。就这样，我在发病的两个小时里悟出了这一理论的要点。”

进化论的主要理论

随着岁月的流逝，“达尔文主义”这个词的含义也在不断地发生变化。《物种起源》发表后最初的一段时间里，达尔文主义就是指达尔文本人的全部思想。达尔文的思想是十分丰富和具有创新性的，同时也是容易被混淆的。有一些争论就是由于混淆了这位达尔文主义始祖的思想而造成的。要弄明白什么是达尔文主义，就必须首先弄清楚达尔文本人的思想理论。

达尔文的人类进化思想

达尔文的进化论事实上主要包括五个相对独立的理论：

1.进化论本身。这一学说指出世界是发展式地演变的，而非固定不变的，也不是循环式地变化的。然而达尔文并不是这个理论的第一个提出者，但他把进化思想发展成了有充分根据的进化学说。他在《物种起源》中提出的大多数进化证据都非常明确，使得大部分生物学家在短时间内都成为了进化论者。

2.共同祖先学说。达尔文明确提出所有的生物最初都是源于一个共同的祖先，之后在不断地、连续地趋异过程中，逐渐地演变为不同的种族。所有支持生物进化的证据也是共同祖先学说的证据，而共同祖先的理论又帮助人们接受进化论。这一学说能很好地把比较解剖学中的所谓结构“原型”解释为来自一个共同祖先；把生物在地球上怪诞的分布格局用祖先的散布来解释。这一学说还使分类学上的等级结构变得十分合乎逻辑。共同祖先学说把人类也归属为生物进化系谱中的一个成员，从而取消了《圣经》赋予的以及普遍认为的人在自然界中的特殊和优越的地位，这个革命性观念对于与达尔文处于同一时代的人是无法接受的。然而对于人来自猿的观点，现在已不仅可以从化石记录上得到证实，而且从生物学的其他方面也得到很多有力的支持。

3.渐变性进化学说。这个学说指的是生物进化并不是跳跃式或骤变式的，而总是逐渐进行的。达尔文认为进化是通过积累一系列细微、连续的有利变异而产生的，新物种是由原已存在的物种通过缓慢的过程逐渐进化而形成，而且在进化的每一阶段都保持其对环境的适应性。由于实际上所观察到的生物界普遍存在着物种之间的不连续性，地质记录也显示出化石种类的不连续性，因此为了说明这与渐进化并不矛盾，达尔文用生物性状的分歧和中间类型生物的灭绝以及化石记录不全来解释这种自然界中的不连续现象。渐变性进化理论在达尔文之前就被提出过，达尔文只是进一步发展了该理论，而且他一直坚信渐变性进化的重要性，他把毕生精力都放在了研究重建生物逐渐进化的过程上。渐变性进化是在进化论者中争议最多的进化学说之一，直到今天，渐变性进化理论一直还是人们所争论不休的话题。

4.物种形成及增殖学说。这一学说对于生物世界的多样性以及庞大的物种数目的来源问题进行了细致的解释。物种增殖是指由一个祖先种产生出几个子代种的进化，只有像达尔文和华莱士那样对自然界进行过长期观察的博物学家，才能充分认识到自然界中存在着这样的过程。他们观察到一个物种实际上是由一群群的个体组成，每一群都有特定的地理分布区域，而且具有一定的个体数量，个体之间往往在形态特征上互有微小差异。组成物种的任何一群这样的个体就称为种群。达尔文把种群思想引入到生物学，强调生物个体的特异性，而不把物种看作是一种无个体间差异的模式。这种思想对认识物种形成和物种增殖具有十分重要的意义。达尔文认为处于不同地理区域（如不同的海岛）的种群对物种形成是十分重要的，这样的种群往往显示出种群间比较明显的差异，可以看作是物种形成的中间阶段，再发展下去，就会成为不同的物种，从而造成物种的增殖。后来他认为在同一地理区域也有可能通过种群内个体之间的差异而导致物种的形成。虽然现在对物种形成以及物种增殖的过程是生物进化的重要的

晚年的达尔文在研究植物

组成部分，但仍然是一个未解决的问题，而且对于这个问题还存在着不少的争议。

5.自然选择学说。达尔文提出来的革命性学说便是自然选择学说，这一学说是最能代表达尔文思想的学说。它涉及到进化演变的机理以及如何通过这样的机理使生物界的各类生物都表现出机体上的和谐与对环境的高度适应。自然选择不仅否定任何超自然的作用，而且还否定在生物界中存在任何形式的决定论与目的论，从而认为生物世界的任何部分都是自然界通过选择而完成的杰作。达尔文的自然选择学说也是以种群思想为基础的，他认为自然选择的对象是生物的个体。正是由于物种的个体间存在着适应性、生存和生殖能力上的差异而使得自然选择可以进行。通过自然选择，就会造成“适者生存发展，不适者被淘汰”的情况。自然选择使得生物世界千姿百态、奇妙无穷，使得生物世界表现出完美的和谐，即生物彼此之间具有相互依存的密切关系以及生物对自然环境的高度适应。自然选择的观点引起了有神论的强烈反对，而且进化论者中对自然选择的作用也一直存在着激烈的争论。虽然这个学说经历了不少的大起大落，但是自然选择学说依然是达尔文主义的最为中坚的成分。

与达尔文的进化论相比，拉马克的进化论在进化本身、渐变性进化这两方面是与达尔文的进化论相同的或相似的，而其他三个方面则是达尔文的进化论所特有的。拉马克认为进化是一种直线上升式的演化，强调生物的自我完善；达尔文则认为进化是一种分枝式的演化，强调自然选择。对于进化的遗传机制，达尔文和拉马克都相信获得性状遗传，但达尔文只是把其作为一种次要的辅助机制而已。

《人类的起源》

起初，《人类的起源》是被命名为《关于人类的一章》，后来达尔文决定出一本中篇版，包括关于人和动物感觉的表现的一章。华莱士关于人种起源的研究，吸引了达尔文，因此，达尔文用他在两个《概要》中表述过的性选择问题来解释人种的起源过程，之后，达尔文便全身心地把工作投入到人类起源的问题上来。

随着时间的推移，达尔文对《人类的起源》的篇幅构思得越来越有头绪，越来越缜密。在收集资料的过程中，达尔文的工作几度中断，而且他的身体状况也每况愈下，所以最终，工作不得不暂时停止。达尔文在给华莱士的信中，赞赏他对赖尔地质思想上作出的贡献，赞赏他的自然选择理论。在谈到文章的第二部分时说道："只有您对我说这些话我才相信是您的观点。可我不认为您所说的理论与这些观点有直接联系，而且这个问题需要我们共同讨论研究，这短短一封信是说不清楚的，我欣赏您的推论，它给了我许多启示。"1870 年是他写《人类的起源》最忙碌的一个阶段，1870 年 8 月末该书才正式完稿。

事实上，这本书全篇的安排并不是十分合理的，全书一多半的内容是用性选择理论和应用解释动物二性化问题，而关于人类起源的问题在全篇内容中只占三分之一。

达尔文在第一章中叙述了这一事实，人类起源于某种低等动物，另一章中证实了人类是由低等动物发展起来的。第三章谈到人的智能和动物智能的比较以及对人的智能发展问题进行了探讨。达尔文和华莱士的分歧正源于此，所以达尔文用事实反驳华莱士的观点。第六章是讨论了人类在动物体系里的比例和人类谱系的问题。

晚年达尔文

在第一章中，达尔文研究了人体构造学说。从人类器官来看，人是哺乳动物。奥温和其他一些人曾用人和类人猿在脑构造上的差别来区分人和其他哺乳动物。人与猴子的相似之处在于：疾病类型，药物作用相同，如抽烟、喝酒都能引起的舒畅快感等。人类的在生殖和发育上具有猴子的特点：婴儿弱小，性别不同。

达尔文指出，人的胚胎发育，同其他哺乳动物脊椎动物纲有共同特征：卵细胞和其他哺乳动物脊椎动物纲的卵细胞有一样的鳃沟；人的手和脚也像蜥蜴、鸟和哺乳动物的胚胎上的脚和手，并且有着同样的位置。达尔文还用了胚胎学方面的成就：血管状的心脏，胎儿排泄腔的形成，尾骨的存在，鱼的肾脏同系物的发育。他指出七个月大的胎儿的大脑皱壁，就像成年的猩猩的大脑皱壁一样。他在援引赫胥黎的话时指出："人类与猴子的相似性强于猴子相似于狗。"

对未发育器官的研究，达尔文阐明了自己的观点。他认为这些器官具有变异性返祖现象。达尔文对人的皮下肌肉能抽动皮肤的残存现象、肌肉能耸动眉毛和颈肌的残存现象，进行了描述。他谈到了一些返祖现象，这就是在个别人的身上作为例外出现的一种能力，例如摆动耳朵的能力，这种能力经常作为一个家庭的特点遗传下去。达尔文认为，猩猩和黑猩猩的耳朵不能摆动，这是与人的耳朵相似的缘故，指出人的外耳存在特别的、微尖的突出部，后来这一部分被称之为"达尔文突出部"，他把这一部分看作是其他哺乳动物耳朵尖部的同系物。他认为，人的头发又长又密的特征，是祖先周身浓密毛层的残留。他举出人的眼睛上的半月形皱纹，说这是第三眼睑或者说是瞬膜的同系物。原始人种的嗅觉比较灵敏，他把这看作是过去留下来的遗传物。包括人尾骨也是如此。达尔文利用器官变异性返祖现象这一理论，对六个月的胎儿身上的茸毛状的毛发层状况进行了六个月的研究。

类人猿

最后，达尔文用的结束语是我们熟悉的《物种起源》的一段结论："那种理论不能称之为科学的解释，它们是根据这种理论按一个理想的计划创造出来的。”他解释同源说时还用起源于共同祖先的理论说：“遵循另一观点就意味着认为我们本身的结构和我们周围所有动物的结构是预想出来的不理性的东西”。

在第一章最后一句话中，达尔文自豪地说，他的理论在十年的斗争中，在认识上有了很大的转变。他说：“不可思议的是那些博物学家很熟悉解剖学和哺乳动物胚胎，却有每一个动物都是上帝逐个创造出来的想法。”

决定人类起源因素同决定其他动物起源因素是一个问题，关于人类由低等生物发展来的方式是这一章的基本思想。和动物一样，人也具有变异性和遗传性的特征。人的变化规律与家养动物和栽培植物所具有的变化规律不同。达尔文很少把人类的变化归之为受条件直接而又明显的影响，对比动植物的变化也是这样，只是允许这些条件能引起“数量几乎是无法确定的变化”，使生物体达到一定程度的可塑性罢了。

在《人类的起源》一书中，达尔文也详细地研究了其他变化因素：器官的使用、发展的中断、作为畸形返回到从前的类型。然后他不仅谈到变化的相互关系，而且谈到人类增殖的速度，最后谈到靠自然选择不仅得到身体构造上的特征，而且还获得了智能和共同的本能，智能人的语言发展得越来越清晰，发明工具和取火技术都是智能发展的产物。

在《人类的起源》中，达尔文并没有提到低等动物的智能是怎样发展起来的问题，也没有作出任何阐释。因为达尔文觉得这些问题对人们目前来说是无关紧要的，若真要解决，可留待以后去揭示，如自我保护、性爱、母爱、婴儿吮吸奶汁的本能。达尔文在仔细研究本能和智慧的相互关系时，和往常一样，列举了大量各式各样的事实来说明这种相互关系的不同意见。像他在《物种起源》里所阐述的一样，复杂的本能都有一个由简单到复杂的发展过程，这与智力的发展是无关的。而且简单的无意识的本能动作与深思熟虑过的动作是可以互相替换的。在《人类的起源》中针对这个既复杂又困难的问题，达尔文始终坚持以辩证的方式来看待。虽然他以人的大脑为例说明了本能由简到繁的发展过程及人的有意识的本能与动物的无意识的本能是不同的。但同时他也承认人有意识的本能与动物无意识的本能之间存在着一定的相似性。

狐　猴

达尔文对于人的系谱进行研究后，得出结论：人来源于狭鼻猿类，当时狭鼻猿类已经从阔鼻猿类中分离了出来。根据赫胥黎的意见，猿来源于狐猴，狐猴来源于其他高级哺乳动物，而其他高级哺乳动物则来源于有袋亚纲。有袋亚纲则通过原兽亚纲来源于爬虫纲。达尔文附带声明说，就在人们试图彻底研究哺乳动物的系谱时，我们越来越觉得这一课题在科学领域有很大的空白。达尔文扼要地解释说明：所有的脊椎动物亚门彼此之间有血缘关系并且来源于无颚类祖先。

达尔文列举了文昌鱼，把其作为更早、更原始的祖先进行阐述，在当时人们把它归为鱼类，而且把它看作是脊椎动物亚门中最原始的动物。后来他又转而研究海鞘的幼虫。他列举了别人向他报告的亚·奥·科瓦列夫斯基在那波利的发现，即海鞘的幼虫，就其发展方式和神经系统的位置与文昌鱼和高级脊椎动物胚胎所固有的脊索的存在方面来说，是和脊椎动物亚门相似的。达尔文断定：“因此，如果相信胚胎学，我们最终会了解脊椎动物亚门是如何起源的。可以推断，在以前极其遥远的时期，就存在过一类动物，他们在许多方面都与现在的海鞘幼虫相似。这一类动物分为两大分支，其中一支发展到动物界的高级阶段，奠定了脊椎动物亚门的基础；另一分支则在发展中变弱了，形成了现在的海鞘纲。”

背景知识

文昌鱼

文昌鱼属于脊索动物门的头索动物亚门，也叫全索亚门。这类动物有纵贯全身的脊索，而且脊索延伸到神经管的前面，故称头索动物；此外，因文昌鱼没有真正的头和脑，另有无头类之称。它是既像鱼又像蠕虫的动物，但血统上跟鱼及蠕虫相差很远。文昌鱼为小型海生动物，广泛分布于世界温暖地区的海岸水域，在温带水域略少见。

文昌鱼外形像小鱼，长约 5 厘米，很少超过 8 厘米，半透明，头尾尖，体内有一条脊索，有背鳍、臀鳍和尾鳍。生活在沿海泥沙中，吃浮游生物。

它的身体两侧肌肉分节，从一端排列到另一端，称为肌节，文昌鱼借助肌节的收缩而游泳。身体两侧的肌节交错排列，游泳

文昌鱼

时产生一种从一侧至另一侧的运动。身体两侧交替长着65个透明的肌节，这肌节是V字形。V字的尖端部分朝着前方，这对在水中的向前运动有利。文昌鱼不具浮力器官，所以停止游动时即沉落水底。背鳍延及背部，绕尾端成为尾鳍，然后延续为腹鳍，无偶鳍。

脊索纵贯全身，构成身体中央的支柱。神经索前端略膨大，但无脑。血液沿腹侧向前流，沿背侧向后流，但无明显的心脏。

文昌鱼身体细长而侧扁，像一把外科医生用的手术刀，到底哪边是头，哪边是尾，骤然一看很难分辨，所以西欧人把它叫作两尖鱼，或称之为“海矛”。

文昌鱼的口腔外有罩状的口笠，其边缘有一列触毛，前庭周围有40条触毛，触毛为流苏状结构，构成一个粗糙的滤器，用以滤去体积过大难以消化的颗粒。鳃裂上纤毛的运动将水驱动，经小口进入咽部。水流中的食物颗粒被能分泌沾液的鳃篮内壁所黏附，然后进入消化道，与酶混合而被消化。与其他脊索动物不同，文昌鱼能进行被称为吞噬作用的消化过程，然后食物颗粒被单个细胞所吞入。

文昌鱼的雌体与雄体外形相同，但生殖腺不同。生殖腺沿体壁排列，突入围鳃腔。分布于热带地区的种类一年生殖数次，但温带地区的种类一年仅生殖一次。每年产卵时间在6月至7月之间。文昌鱼一年产卵三至四次，产卵时间在6~7月，体外授精，受精卵细胞分裂，很快地成为披有纤毛的幼体，沉入海底，发生变态，发育为成体。有时，在某些特殊情况下，幼体被卷入深海，变为深海的居住者，由于一些至今还不清楚的原因，使幼体一直延续到三年都在那里。它身体不断地增长、很快地成为大型的幼体，甚至在变态为成体之前，它的生殖腺早已开始发育了。它长满到十一个月即开始成熟，但在外形上雌、雄性并无明显区别，只是在生殖腺的颜色上有所不同，略可分辨；精巢呈乳白色，卵巢呈柠檬色。成熟了的精巢中排出精子，卵巢中排出卵子，它们从围鳃腔中流出体外，在海水中受精。

文昌鱼虽能游泳，但大部分时间将身体埋在洋底的砂砾或泥中。觅食时，将身体前部伸出砂砾表面以滤食流过鳃裂的水中的食物颗粒。夜间常在近洋底处游泳。身体两端渐细，中间较粗，体表覆以一层鞘状的表皮。文昌鱼凭借身体的迅速运动在洋底钻洞。

文昌鱼的滤食活动有助于净化水体，因此文昌鱼数量多的水域通常是清洁的。沿部分中国海岸线，文昌鱼数量极多，构成渔业的基础。至今未发现确定的文昌鱼化石。

文昌鱼共有十二种。分布在地球热带、亚热带的8米~16米的浅水海域中，特别在北纬 48° 至南纬 40° 之间的环形地区内较多。我国厦门、青岛、威海和烟台沿海处也很多。其他像地中海、马来西亚、日本、北美洲海洋边岸都有出产，但产量并不多，故视为珍品。

文昌鱼是适合在温暖海中生存的动物。它下半身埋在沙中，仅以前端露出沙外，白天半截身体躲在沙砾之中，在阳光下，摇摇摆摆，依赖水流带来浮游生物及硅、藻植物供它食用，这种被动式的摄食方式，说明它的低级性，也说明它在进化中低于脊椎动物；到了晚间才是它活跃的时刻，这时它离开沙窝，如同离了弦的羽箭弹射到水面活动，一旦遇到惊扰，又游回沙滩窝内。文昌鱼游泳时以螺旋形方式前进。摄入的食物进入直形的肠管内被消化吸收；文昌鱼并无专门的呼吸器官，海水流经鳃裂时气体进行交换，氧气吸入，血液中的 CO_2 最后由围鳃腔经腹孔排出体外，有相当一部分氧气是通过皮肤表面的淋巴窦直接由水中吸入血液的；文昌鱼的血液中因为没有血细胞，因此无颜色，文昌鱼的中枢神经是一条纵行的神经管，位于脊索的背面，但稍短于脊索。

在我国厦门的刘五店鳄鱼岛附近曾流传着一个传说：古代，文昌皇帝骑着鳄鱼过海时，在鳄鱼口里掉下许多小蛆，当这批小蛆落海之后，竟变成了许多像鱼一样的动物，为纪念文昌皇帝便给其取名为“文昌鱼”。之后这些动物在那里的海域繁衍昌盛，当地渔民也以捕文昌鱼为生了。

文昌鱼虽然是不起眼的小动物，但它是从低级无脊椎动物进化到高等脊椎动物中间过渡的动物，也是脊椎动物祖先的模型。文昌鱼的摄食、排泄等机能都像无脊椎动物的形式，但血管系统、呼吸系统、神经系统和胚胎发生过程都有了脊椎动物的模样；而且在生物化学上均可见到它具有脊椎动物所有的磷酸肌酸物质，但不具备脊椎动物所有的血红蛋白和铁的化合物，文昌鱼含有一种特殊的钒的元素。所以，无论从形态、生理、生化和发展方面看都说明它是无脊椎动物进化到脊椎动物的过渡类型。

因为文昌鱼没有脊椎骨，因此不容易留下化石的遗迹，但以上所述足以说明文昌鱼是活的见证物了。因此文昌鱼无论从教学上、科研上都是十分重要的材料；此外，文昌鱼也是营养丰富的美味佳肴。

通过对残留的物种器官的研究，达尔文可以推断出人类始祖的外貌，同时他也指出每种生物的构造都是非常奇特、独一无二的。因此，达尔文在《人类的起源》的第一部分中，继承了赫胥黎和赫克尔的思想。他像往常一样，尽量使研究主题所包括的内容更广泛一些，所举出来的证明人类起源于动物的事实，在数量上也大大超过赫胥黎和赫克尔的论据。

达尔文对于人种起源的问题方面有其独特的解答。他认为自然选择在物种起源、种的区别中起着十分重要的作用。人种外表的特征是不属于自然选择的，这些既不能用外界条件的直接影响来解释，也不能用拉马克关于器官使用和不使用的原则来解释。由于他的思路完全是顺着“选择”走，所以在这里，在“性选择”原则中，得到了解释。而这一原则也早就被他用来解释动物的第二性征的起源问题了，这个问题也引起了达尔文极大的研究兴趣。

1871 年 2 月 14 日，达尔文的著作《人类的起源》一书正式出版问世了。该书一经出版就取得了无可置疑的成功，因为2500册书很快就销售一空，及至年底又印了5000册。安顿·窦恩在《国外》杂志上写道，这本书在德国博得了“热烈赞扬”，但是起初，这本书遭到了人们的广泛驳斥。这是很自然的，因为它触及了人类最为根深蒂固的宗教观念——上帝创造人，而这一观念又被无情地否认了，并且书中还做出了一系列假设性的“抽象”方案。很显然，这本书激起了愤怒、赞赏和惊讶。

晚年达尔文

对于这本书的评价，什么样的意见都有。其中包括赞扬的、批评的、甚至还有辱骂讽刺的言论，但是，即便如此，达尔文并不在乎这些言论的好坏，因为他的每一部著作出版都会引起这样的“轰动”。而这一次，给他的新观念以打击的是著名动物学专家迈弗特。他出版了《物种的发生》一书，书中对达尔文的自然选择进行了严厉的、而且乍一看来又颇能令人信服的批评。迈弗特指责达尔文缺乏证据、矛盾百出，并列举了一大串他认为从自然选择的观点看来是完全无法解释的例证。迈弗特认为，自然选择并不能说明构造初始阶段。

迈弗特的书和凯利克的书都不约而同地标志着反对达尔文主义的新阶段。迈弗特虽然已经承认进化，但却不同意进化的因素，即自然选择。宗教观点的卫道士们、进化论者、唯心论者、目的论观点的拥护者们所反对的正是用以说明进化的形式，这种形式以其明确的概念赢得了进化论思想的胜利。也就是说，他们反对自然选择，即反对马克思所说的给了“目的论以致命的打击”的自然选择。至于迈弗特的正确观点，则是他看到了进化的原因在于“某种内在的力量和倾向”，他的观点同凯利克如出一辙，同样地认为发展是跳跃式的。

迈弗特的书产生了巨大的影响，很快就出版了第二版，书中的论据开始在书刊上反复出现。达尔文对他所提出的各种问题没有做出回答，因为他已经看出了作者写作这本书的真实动机——让“创世说”复活，并且使“科学迁就宗教”，这是他所不能容忍的。当时他能够指望的朋友很少：华莱士，他的演说无疑是很有才气的，可是他靠不住，爱莎·葛雷也一样，其他朋友又都忙得不可开交。

但是，事情并不是永远处于低落阶段的，总会有回旋的余地的。在此时，琼斯·赖特“大量阅读并且思考过形而上学的课题”。他给达尔文寄来了审阅过的、他在《北美评论》写的一篇评迈弗特书的书评校样。按他的说法，他通过书评从哲学方面发表他赞成自然选择的

晚年的达尔文

意见。赖特估计，由于这对达尔文目前的处境很有帮助，因此这篇文章将会引起达尔文的兴趣。

一看完这篇文章之后，达尔文就立刻制订出计划：在英国以小册子的形式出版赖特的书评，他自己则准备在即将出版的第六版《物种起源》里新加上一章。在这一章里，他打算剖析报刊上对自然选择论的各种各样的反对意见，特别要详细谈谈迈弗特的反对意见。因此，他的更为具体的答复要从赖特的哲学分析中得到充实。他把赖特的校样寄给华莱士，征求他的意见。他在给华莱士的信里写道："文章虽然还有很大的欠缺，但是我认为还是非常有价值的。"

赖特在回信中对达尔文的计划表示同意，达尔文为此十分高兴。于是他就开始十分艰难地着手写作，因为长期受到病魔的困扰，他的精力已极度地衰竭了。不仅如此，在《每季评论》中也出现了对达尔文的著作进行的新的、极为激烈的评论，这篇文章使达尔文大伤脑筋。评论人指责达尔文忽略了哲学和宗教的基本原则，评论人尽管承认自己是拥护发展学的，但是却又声称：人同大象和大猩猩的差别，比它们同地上的尘土的差别还要大。受到这种"假道学的无礼攻击"，达尔文感到特别地沮丧、苦恼。他写信给华莱士说："我很快就要成为最被人瞧不起的人了。"他最后决定以小册子的形式出版赖特的文章。在给华莱士的这封信里他还写道："即使是人们不看这种小册子，也能表明，有人在反驳迈弗特，对迈弗特的意见也不能不加任何思考就盲目地接受了，这也是很重要的。"

这个阶段是达尔文最困难的时刻，当时达尔文对现状也有这样的说法："认为当时是那些钟摆式的人物摆向反对他的一面的时候。”赫胥黎为《现代评论》杂志写了一篇文章，文章驳斥对达尔文主义的攻击，这些攻击在《每季评论》里的一篇大概是迈弗特写的最新文章里和同期杂志刊登的华莱士的书评《论人类》以及迈弗特的《物种的发生》一书的第二版里都有表现。

在收到赫胥黎有关此事的来信以后，达尔文当时备受鼓舞。与此同时，达尔文在《物种起源》里也亲自做了详尽的回答。赫胥黎和琼斯·赖特既从哲学方面，也从神学方面打击了迈弗特，这当然也使迈弗特感到特别地难受。赫胥黎写道：“钟摆式的人物现在摆到反对我们的方面去了，但是我坚信，他还会摆到另一边来的。”的确，达尔文有先见之明，他曾预言，斗争将长期继续下去，即使是在他们死去和消失之后。

达尔文看到赫胥黎文章的清样时对其大加赞赏。赫胥黎对迈弗特在神学上的抨击、对形而上学的论断，特别是关于理性及其定义的论断的抨击，使达尔文无比的高兴。达尔文对赫胥黎支持他在《人类的起源》中得到发展的、关于道德起源的观点表示满意，他把赫胥黎反对华莱士的关于野蛮人智力的论据部分做了记号，并以完全称赞的话结束了他写给赫胥黎的信：

“虎克两年前对我说过，当我读着赫胥黎的文章的时候，放射异彩的地方有几十处，机智就像是一道道光彩夺目的闪电!”

起初，达尔文打算在自己有关人类的著述中，进一步谈人的面部表情一章。达尔文曾通读了著名心理学家贝尔的一部“极为有趣的”书——《面部表情解剖学和生理学》。贝尔在阐述面部肌肉和呼吸的密切联系的同时，论述到人的某些肌肉只是为了表现某些感情，而人类因为有面部表情，所以与兽类是有区别的。

然而，这些观点同达尔文的进化思想相差很远。

事实上，这个理论使达尔文产生了很大的研究兴趣。在1867年3月，达尔文在给华莱士写的信中说：“这是我近二十多年来酷爱的专题之一，在我计划写一篇关于人类的文章以后，我最好是仔细地研究一下关于感觉表现方面的问题，因为人面部肌肉的表情动作和感觉的表现方法是从动物也具有的那些感觉的表现中发展起来的，而机体的发展原则适用于这一特殊场合。”

1871年1月17日，达尔文看完《人类的起源》的最后校样以后，立即开始写《动物和人类感觉的表现》一书。该书写作历时三个多月。确实，6月份由于筹备《物种起源》的最新版本，使达尔文暂时中断了《感觉》一书的写作，但是后来他继续写了下去，并在当年11月和12月就拿到了第一批清样。然而，写这本书，也同他的其他著作一样，要同传教士、不同民族中的人士、医生和生理学家进行大量的研讨。所有这些都得到了证实，致使付印延期。最后校样于1872年8月22日才看完，在同年秋天这本书就问世了。一下子印了7000册，而且销量很不错，很快就销售了5000多册。之后，达尔文也为第二版收集了大量意见，但是最终的结论是暂时不出第二版。

《动物和人类感觉的表现》一书共分为十四章，其中，在序言里介绍了这个问题的历史概况，并指出达尔文所利用的资料：一、对孩子面部表情的观察；二、对精神病患者的面部表情的研究；三、一个受电击而收缩了的老人的面部肌肉照片；四、著名绘画和雕塑大师们的作品；五、对上面提到的不同人种的感觉表现的调查表资料；六、对动物，大部分是家养动物的观察资料。序言在结束时提出一个问题：人类及动物的感觉表现可不可以用同一种原因来解释呢？前三章，达尔文提出了“一般原理”，他认为这些原理是：

第一章研究的是有效联想习惯的原理，即达尔文认为反射动作，要么是被自然选择改变了的原始本能，要么是被继承下来的习惯。例如，狗在躺下睡觉以前，先转圈子和刨地；幼兽的吸奶动作；马在动身之前，先用蹄子磕地等等。人类的某些动作，即使是受到了克制，但仍然继续表现其感情。

第二章研究的是对立原理。在反映两种相对感情时的两组相反动作。例如，一条狗怀有敌意接近另一条狗时，就竖着耳朵，目不转睛地盯着对方，高高地昂起头，直竖起尾巴，龇着牙，两耳向后紧靠。而见了主人，就弓着身子，眯缝着眼睛，摇着尾巴，耷拉着耳朵，垂下嘴唇等等。此外，比如人在说“是”的时候，同时上下点头；说“不”的时候，同时从一面向另一面左右摇头。

第三章研究的是无意识的、神经系统的影响和习惯等等。属于这方面的有：因恐惧而突然头发变白；因烫伤、恐惧、寒冷等而颤抖；因过分激动而发生的肠道或肾脏不由自主地排泄。各种感觉对心脏和血液循环的作用及疼痛的反射作用，如皱眉、出汗、闭气、晕倒等等。

第四章研究的是动物为了使自己显得更大更可怕而事先发出声音，接着略微鼓起皮毛以及常常伴随着这些动作发出可怕的声音等现象。接着分析了把耳朵向后拉和把耳朵贴向头部，这是用牙齿搏斗的动物狂怒时所常有的表现。

第五章研究狗、猫和猴子的感觉各有其特点的表现形式。最重要的是研究猴子，因为猴子在许多方面与人有极其相似的表现。

第六章至第十三章，全面分析研究了人类感觉和感情的特殊表现形式。达尔文在第十章里说："我们要用行动去表达感觉，所以如果躯体始终处于完全静止状态，那就可以认为没有感觉，因为表现的形式主要取决于在一种特定环境下，心情影响大脑而产生特定行为的性质。"

在分析成年人各种感觉的表现形式时，还要同时把儿童、傻子、猴子的行为，有时还有其他动物在相同情绪下的行为拿来进行对照、比较和引证。达尔文并没有忘记指出，不同种族所具有的感觉是有相同之处的，尽管有时候也有某些例外。他列举一些事例，比如西方人习惯用耸肩表示"不可以"，而东方人则用摇头表示。在表达方式上也因地域的不同而有所差异。同他的其他几本书相比较而言，为了便于读者理解，《动物和人类感觉的表现》一书插图很多，而且插图都是邀请艺术家画的。

在最后一章里，达尔文阐述了一些动作因为有益于人们思想的表达而做得久了，就获得了习惯动作的性质。并且这些动作在表现很好感觉的时候会重复出现。在相反的冲动下，生活实践也会产生相反的动作，因为行为来源于生活，而又有其特有的发展。此外，也会不以习惯和意志为转移而产生一定的反射作用。随着一定的情绪而产生的那些动作都是能表达情绪的，因为人的动作是完全可以用来表达自己的心情的。达尔文说："即使一些轻微动作也可以充分表达出人们强烈的情绪。它们在我们的表情方面具有充分的意义，就像退化器官对于一个分类学和有机体谱系方面所具有的意义一样。"达尔文认为："所有人种都有同样的主要感觉表现形式，也就是说，产生于同一根源。从人类的祖先继承下来的非常古老的表现有：笑以及在恐惧的时候毛发竖起、颤抖、发呆。属于后来的表现有：哭泣和其他悲伤的表现。”并且达尔文把这样的现象作为本章重要的内容。达尔文最后概括的一条结论，就是在《人类的起源》里说的：人类是从低级形态开始进化的，所有人种都有共同的起源。

第五篇　晚年的荣耀

无知者比有知者更自信。只有无知者才会自信地断言，科学永远不能解决任何问题。

——罗伯特·达尔文

早年著作的再版

在1873年至1875年期间，达尔文准备对过去的许多著作进行再版。其中包括《人类的起源》和《变异》。但是，再版这项工作是相当枯燥乏味的，再版要求改正批评界或通信人所指出的缺点，而且要求把新的细小事实或想法加到正文中去，要求长时间地润色文章风格。因此，达尔文的再版工作使他无法全力以赴从事他所喜爱的植物学的研究。

但是，让达尔文感到高兴的是他的地质学著作得以再版。由于达尔文关于陆地下沉的旧理论开始遇到越来越多的批评，所以他很关心《珊瑚礁》的再版。其中具有代表性的就是泽姆佩尔，后来穆瑞开始接受在水下沙滩上可能形成珊瑚岛的说法，驳斥了陆地下沉的作用，承认有时陆地会上升。达尔文在给泽姆佩尔的信中，谈了自己的意见，他说：钻探珊瑚岛会给解决争论提供许多资料。但是，这些对达尔文理论十分有利的钻探活动是在达尔文死后很久，由索拉斯和司徒亚教授以及代维德教授的考察队在富纳富蒂岛这个珊瑚岛上实现的，而且钻探的报告于 1904 年才得以出版。

值得高兴的是，地质学家们对达尔文《“贝格尔”号地质学》方面的一些著作还是给予了很高的评价，札德教授在自己的关于火山理论的著作中也引证了他的话。尽管《“贝格尔”号地质学》这部著作在某些方面已经过时了，但是达尔文以为如果把它再版成为一卷本的话，还是不做任何修改为好。

1876 年 11 月 16 日，达尔文为了答复詹·格基教授寄给他的《伟大的冰川时代》一书，给格基写了一封长信。信中，他对格基表示感谢，并且提出了自己关于骚桑波顿旧石器时代沉积物中角形石为什么能够立着的理论观点。他认为，沙石冻结在雪层里，在冰雪融化的情况下，沙石竖着陷下去，冻结了。这就是他为自然界的微小现象寻找解释的鲜明特点。1878 年，达尔文阅读了

晚年达尔文

莫西李维克的《白云石礁》后感到很高兴。

1876年，华莱士的巨著《动物的地理分布》出版了，达尔文对此书也表示非常赞赏，他不仅认为根据华莱士的观点去研究各种植物、昆虫、有肺软体动物和淡水鱼的分布是非常有意义的，而且认为把哺乳动物作为动物地理分布的基础是最有价值的。

达尔文向来就是一个彬彬有礼的人，他同奥古斯特·魏斯曼也有着相当频繁的通信。但是，每次在通信中总是表现得非常谦和，特别是对外国人，甚至在他同他们发生意见分歧时也是这样。不论在什么情况下，他都竭力避免同他们发生任何摩擦。

最后的日子

达尔文在一生中的最后十年里，健康状况比以前有所好转：他已能像从前那样不间歇地工作，他通常所感到的那种午前的疲倦或身体不适感已经消失了。最后几年他是在他所信任的和能使他焕发朝气的医生恩德留·克拉克的看护之下生活的。不过看得出来，他的体力已在下降，而且他在给自己朋友的一些信中抱怨说，他已无法开始进行预计要用整整几年时间才能完成的新的考察，然而这些考察却是唯一能使他感到快乐的事情。

1881年7月，他从乌尔苏奥捷尔回来后，就给华莱士写信道："……我不能去散步，一切都使我疲倦不堪，即使观赏风景也是如此……我将怎样利用这有生之年呢，我愿周围的人都能幸福，但生活对我已变得异常艰难了。"

1881 年秋，他大量研究了碳酸氨对植物的根部和叶子所起的作用，但是到了年底，他的颓丧情绪又加剧了。

1881 年 12 月 13 日，他到自己女儿亨里埃塔（嫁给利奇菲尔德律师）家里去。在那里，他想拜访罗马内斯，可是在楼下他的心脏病猝发了。

1882 年 1 月末，他的病情加重。在 2 月末和 3 月初，心脏疼痛更加频繁，而且心动过速的现象几乎每天都出现。3 月 8 日，当他沿着他所喜爱的沙滩散步时，他的心脏病又猝发了，他勉强走到家门口。从此他就不敢远离家门了。3 月 10 日，恩德留·克拉克医生来给他看病，但因为就医的人很多，他不能经常

晚年达尔文和妻子埃玛

去给达尔文诊病，所以由其他的医生继续为达尔文治疗。达尔文感到身体特别虚弱，已经无法工作。但这种状况逐渐过去了，他又能同埃玛一起坐在自己的花园里赏花，倾听鸟鸣。

达尔文的老朋友赫胥黎特别关心达尔文，希望所有的医生能经常对达尔文进行精心地护理。

3 月 27 日，达尔文给他写信说：

亲爱的赫胥黎：

您那封极亲切的信对我确是一种强心剂。今天，我觉得比过去的三个星期要好一些，而且现在我也没有感到任何疼痛。您的计划看来是非常好的，所以，如果我的健康会大大好转的话，我将要谈到它。克拉克医生对我是无比地亲切，请他再来一次就好了，但是他太忙了。亲爱的老朋友，请您再一次接受我的诚挚的谢意吧。

我诚恳地希望，世界上再多一些像您这样的“自动物”就好了。

永远是您的达尔文

最后这句话幽默地暗指赫胥黎的演说《论运行是自动物的假说》，这个演说是他 1874 年在贝尔法斯特英国科学协会的会议上发表的。

4 月 15 日，达尔文在进晚餐时突然感到晕眩。他想走向沙发，可是却浑身无力地倒在地上。只要身体不适，他就喜欢躺在客厅的沙发上，眼望摆放着古董和挂着图画的那个角落。17 日，

贝尔法斯特一景

他的病情再度好转。他的妻子在日记中写道："天气晴好，他做了一些轻微的工作，两次在户外，还在花园里散步。"18 日夜，子时左右，他感到身体严重不适，并且昏倒了。苏醒过来后他叫醒妻子。大概感觉到死亡逼近，他说道："我一点也不怕死。"还对妻子和孩子们说了几句温存的话："只要一有病就受到您的服侍。"

1882 年 4 月 19 日下午 4 点，达尔文在夫人埃玛的怀里停止了呼吸。埃玛和子女们一边向亲友发出讣告，一边着手准备葬礼。达尔文的遗愿是埋葬在唐恩村的家庭墓地中，与哥哥伊拉兹莫斯和夭折的大女儿安妮埋在一起。他的家人和村民们也都希望他能长眠在他已生活了四十多年的土地上。

但是其他人则认为，以达尔文的成就应该为他举行国葬，埋到英国的先贤祠——威斯敏斯特大教堂。第二天英国的报纸纷纷

威斯敏斯特大教堂

发表评论，呼吁把这位“自牛顿以来最伟大的英国人”与牛顿等人埋在一起供后人凭吊。有一家报纸还指出，早在十五年前普鲁士国王已授予达尔文爵位，英国女王却没有这么做，以至达尔文死时还是一介平民，不能以“爵士”的头衔下葬，难道不该以入祠祀奉来弥补英国对其“第一儿子”的不公平待遇吗（后来达尔文有三个儿子被陆续授予爵士头衔）？也有报纸评论说，达尔文要比已埋在威斯敏斯特大教堂的许多政治家更属于那里，因为“与这位震撼世界的思想家的成果所产生的巨大影响相比，日常政治的喧嚣大部分不过是尘土一般的贫乏”。

在媒体的呼吁声中，皇家学会会长给达尔文的家人写了封信，请求他们同意达尔文入葬威斯敏斯特大教堂。达尔文的邻居、林耐学会会长兼议员约翰·鲁巴克收集了二十八位议员的签名，向威斯敏斯特大教堂主教请愿。正在法国访问的威斯敏斯特大教堂主教甚至还未收到议会的请愿书，就已发电报表示同意让达尔文入祠。

背景知识

威斯敏斯特大教堂

威斯敏斯特的本义是西部大教堂。由于这座教堂在英国伦敦城的西部，便得此名。曾有过一座自东撒克逊王塞伯特在公元7世纪建造后便长期矗立的教堂。威斯敏斯特教堂在伦敦，当时，它本应建在托尼岛。该岛现在已经消失，因为泰晤士河道变窄后它与岸地融为一体。这座教堂的建立似乎是遵循圣彼得的指教，据说他曾在首位主教梅里图斯的封圣典礼上现身。从巴耶彩图（彩织广景壁画，生动详细地记录了11世纪诺曼征服者威廉侵占英格兰的过程。传说为威廉王后玛蒂尔达亲织，画中共有1152人和72幕场景）上看，这座老教堂建有中心塔楼、交成十字横线的两侧耳堂和铅板屋顶。

"忏悔者"爱德华的画像

威斯敏斯特教堂是由"忏悔者"爱德华扩建，并于1065年被封圣。亨利三世为了纪念爱德华，发誓建立一座哥特式的、更加威严的教堂，致使原来的结构所剩无几。从13世纪到16世纪，英格兰的国王们个个为其设计献力，结果把它弄成了各种风格的大杂烩。如此观察，它与今日的英国王室倒是相配——他们也是出自大量不同的祖源，而长久以来都将威斯敏斯特教堂作为“教区本堂”来举办婚丧仪式和加冕典礼。但恰如丹·布朗在《达·芬奇密码》中的描述，威斯敏斯特教堂既非大教区的主教堂，也不是教区里的教堂，而是人们所知的王室专属的教堂，行使管理的教长与其法规都要由王室决定。虽说平面图上标明入口在堂前左侧，实际上它设在了教堂侧面的北耳堂。

英王“忏悔者”爱德华应教皇利奥九世的请求，将威斯敏斯特教堂敬献于圣彼得。来自法兰西诺曼底的威廉一世（征服者），是首位在威斯敏斯特教堂荣受加冕的国王。经过黑斯廷斯战役，他击败了英王哈罗德二世。他的加冕典礼于1066年的圣诞节那天举行，英格兰本地居民拥聚门前欢呼庆贺。神经质的诺曼人错误地理解了这一场面，威廉在整个典礼过程中惶惶唯恐丧命。加冕结束，诺曼士兵对人群发动攻击，还焚烧了周围的一些房屋。这种举动对始终不得安稳的英法关系来说，自然毫无改善。

自此之后，王室的加冕礼即在威斯敏斯特教堂举行，包括现在伊丽莎白女王在内的英国历朝历代君王，除了爱德华五世和爱德华八世两位外，无不是在威斯敏斯特教堂加冕登基、登上王位的。就是百年之后，也都长眠于教堂内。

18世纪上半叶，英国建筑家尼古拉斯·霍克斯穆尔建造了教堂西端的双塔。1875年起，教堂正面由英国建筑师、哥特复兴式建筑风格运动的领袖人物乔治·吉尔伯特·斯科特整修。这位沉湎于哥特式建筑风格的建筑师在承担修复工作时，常因傲慢地毁掉许多精美的非哥特式作品而引起时人的争议。不过，这种作风对威斯敏斯特教堂来说未尝不是一件幸事。

据说，英国资产阶级革命护国主克伦威尔被杀后，头颅挂在威斯敏斯特大教堂尖顶上 61 年。

作为英国中世纪建筑的主要代表，威斯敏斯特教堂的建筑风格和特点，虽然在马拉松式的建造年代中不断地推移变化，从诺曼式、哥特式，一直到早期文艺复兴的式样，不过它的基本特色仍属于哥特式，所以历经七百多年的修葺而仍能保持原貌，实在多亏了斯科特这样的建筑师。

威斯敏斯特主要由教堂和修道院两大部分组成。教堂平面呈拉丁十字形，主体部分长达 156 米，本堂两边各有侧廊一道，上面设有宽敞的廊台。本堂宽仅 11.6 米，然而上部拱顶高达 31 米，是英国哥特式拱顶高度之冠，因而本堂总体显得比例狭高，巍峨挺拔。耳堂总长 62 米，与本堂交会处的 4 个柱墩尺寸很大，用以承托上部穹顶。穹顶以西是歌唱班的席位，以东是祭坛。教堂西部的双塔高达 68.6 米。平衡本堂拱顶水平推力的飞拱横跨侧廊和修道院围廊，形成复杂的支撑体系。教堂东端，即教堂中轴线的末端，原是圣母礼拜堂，后来被毁坏了。16 世纪初，在这个位置上建起了一个规模更大的礼拜堂，即著名的亨利七世礼拜堂，这是英国中世纪建筑最杰出的代表作品，由罗伯特·渥都设计。礼拜堂本身就是一个小教堂，有独立的本堂和两边侧廊，陵寝设在一端。其巨大的扇形垂饰和宛如倒挂着的晶莹华美的钟乳石拱顶，均设计大胆、构思巧妙、拱形图案别具一格，是整个建筑中最精彩的地方。室内墙上满布壁龛，龛内共立有95个雕像。这座礼拜堂装饰华丽精美，被认为是“所有基督教国家中的至美之所”。在教堂内还有许多像亨利七世礼拜堂这样的献给死去君主的建筑，威斯敏斯特教堂内别有洞天使人惊叹不已。如祭坛东端的圣·爱德华礼拜堂，其中央的爱德华祠墓建于1269年，是世界各地香客的朝圣之处。主祠周围还有亨利三世及其他国王祠墓，形成了各个时代的雕刻博物馆，尤其是东端的亨利五世墓堂更以雕饰华美著称。建筑教堂的初衷就是将它作为英国国王的墓地，事实上，从亨利三世到乔治二世的二十多位国王的确都葬在了这里。在圣·爱德华礼拜堂西侧有著名的爱德华一世加冕宝座，它高踞于祭坛前面的高台之上，宝座下有一块称之为“斯库恩”的圣石，它原是苏格兰国王传统的加冕座位，是其权力的象征，1297年，爱德华一世将它带到了伦敦。此外，教堂还是英国国王加冕和王室成员举行婚礼的地方。可以说，教堂是一部英国王室的史书。

在教堂的祭坛前面的尖背靠椅，是供历代帝王在加冕时坐的，据说那是件自七百年以前一直使用至今的古董。椅子坐板下有一块大石头，被称为“命运之石”，它是爱德华一世在13世纪掠夺来的。原来，这是苏格兰王登基用的，据说现今苏格兰人中，还有人发起要把这块石头取回去的运动。于1996年，这块苏格兰人的至宝又回到了它的家乡。

教堂内，还有一座特殊的小礼拜堂。说它特殊是因为这座小礼拜堂不是献给君主的，而是献给勇赴国难者——牺牲于“不列颠之战”（1940年秋季发生的英德空军之战）的皇家空军战士的。小礼拜堂的彩色玻璃上绘有当年参战的68个空军中队的队徽。这为满目的皇家奢华中注入了一股刚健悲壮之气。

在教堂或具有特别纪念意义的建筑物中，大都会专为杰出的人物划出一席之地。正如法国的名人葬在先贤祠，英国的名人在身后才有幸进入威斯敏斯特教堂。他们或被埋葬在教堂内，或者在此树立纪念碑。这里有一些著名政治家、科学家、军事家、文学家的墓地，其中有丘吉尔、牛顿、达尔文、狄更斯、布朗宁等人的陵墓。耳堂南端的“诗人角”就是诗人和作家墓祠的荟萃地。这里还有著名的第一次大战时的无名战士的陵墓。所以，这里墓室累累，纪念碑林立，堪称英国著名的历史文物陈列馆。而且，这些祠墓和纪念碑在建筑上还有一个妙用：有效地避免了教堂中轴线上气势非凡的纵深可能产生的枯燥感。教堂南侧是修道院，创建于13世纪，是个一方形庭院，周围设有开敞的拱廊，拱廊周围另有许多附属建筑物。此外修道院庭院东南一侧，还有宝库厅和地下小教堂。后者为一长方形厅堂，现为寺院博物馆，馆内陈列着国王、王后和贵族们在葬礼中放置在无盖棺材中供人凭吊的雕像。这些雕像都是根据死后面容模制下来的，造型真实生动。其中以爱德华三世（1312年~1377年）的雕像最为古老，以英国海军中将纳尔逊子爵的雕像最为精致，这位被誉为

爱德华三世的画像

“海洋权威的化身”的英国历史上最杰出的海军指挥官曾在一次海战中大败拿破仑，从而最终导致拿破仑滑铁卢的失利。教堂的柱廊恢宏凝重，拱门镂刻优美，屏饰装潢精致，玻璃色彩绚丽，双塔巍峨高耸，整座建筑既金碧辉煌，又静谧肃穆，被认为是英国哥特式建筑中的杰作。

威斯敏斯特教堂是历代国王加冕登基、举行婚礼庆典的地方，也是英国的王室陵墓所在地。最后一个在这里举行葬礼的王室成员是已故的戴安娜王妃。

葬礼于 4 月 26 日举行。埃玛没有出席葬礼，留在了唐恩家中。十名抬棺者中除了鲁巴克、一名威斯敏斯特大教堂的教士外，还包括一位代表科学界的皇家学会会长、一名伯爵和两名公爵代表政府（其中一位是达尔文的母校剑桥大学的校长），还有美国大使代表外宾以及达尔文最亲密的、还健在的三位朋友。

约瑟夫·虎克

植物学家约瑟夫·虎克、自然选择理论的共同发现者华莱士、古生物学家马斯·赫胥黎也都出席了达尔文的葬礼。

送葬者中包括伦敦市长，皇家学会、林耐学会和其他科学学会的会员们以及各国、各界代表。在“得智慧，得聪明的，这人便为有福”的赞美诗歌声中，达尔文被埋在了牛顿墓碑的下方。

没有人觉得把这位提出动摇了基督教世界学说的人埋在大教堂里有什么不妥。《时报》甚至评论说：“该大教堂需要这个葬礼甚于该葬礼需要大教堂。”进化论与基督教的冲突似乎已成为历史。英国基督教领袖们趁机在世人面前展示他们的宽容。《旗帜报》宣称：“真正的基督徒能够像接受天文学和地质学一样接受进化论的主要科学事实，而不会对更古老和珍贵的信仰产生任何偏见。”高教会派的报纸《晨报》声称：“我们无法欣赏他的理论的全部，但是我们能够敬佩他的生活。”《教会时报》则干脆说达尔文是一名“基督教绅士”。几年之后，开始出现谣言声称达尔文临终前忏悔放弃了进化论，这个谣言至今还能在传教宣传品中看到。

为了纪念达尔文，一名演员打扮成达尔文，站在威斯敏斯特大教堂前

事实上达尔文死时不仅不信神，甚至对基督教极其反感。他生前不愿公开他的宗教立场，一方面是因为他不愿参与争端，另一方面也是因为他认为不信神的立场只适合于有教养的人，让普通大众接受无神论的时机还不成熟。但是在私下场合，达尔文并不隐瞒他反对基督教的立场。这有他晚年写的自传为证。在自传中，他用一章专门阐述自己的信仰，批驳各种有关上帝存在的证

据，认为没有任何理由相信上帝存在，并介绍了自己放弃基督教的经过。

达尔文还写了自传，但是他写自传的目的是给其子女看的，并没有打算发表，所以写得非常坦率，以至在其死后（1887年）发表时，在埃玛（一位虔诚的基督徒）的要求下做了大量的删节，直到1959年才得以完整地出版。如果达尔文对基督教的抨击在其生前就被公开，英国基督教领袖们对他是否还会如此宽容，他是否还能入葬威斯敏斯特大教堂？无论如何，达尔文大概是大教堂祀奉的第一个“罪人”。

附　录

达尔文年表

1809 年 2 月 12 日，查尔斯·罗伯特·达尔文出生在英国什鲁斯伯里。

1818 年，达尔文成为什鲁斯伯里学校的寄宿生。

1825 年，达尔文进入爱丁堡大学学医。

1826 年，达尔文在大学自然历史学会上宣读他的第一篇科学论文。

1828 年，查尔斯·罗伯特·达尔文进入剑桥大学，并于 1831 年毕业。

1831 年 8 月 29 日，22 岁的达尔文接到邀请，作为名誉博物学家，参加英国海军“贝格尔”号航行。9 月初，达尔文会见舰长费茨罗伊，并被接纳为船员。12 月 27 日，“贝格尔”号起航赴南美洲。

1832~1834 年，“贝格尔”号沿着南美洲东海岸航行。途经的主要港口包括萨尔瓦多、里约热内卢、蒙德维的亚以及火地岛地区。1833 年在阿根廷的蓬塔阿尔塔，达尔文发现了巨兽的化石。

1835年，“贝格尔”号驶入太平洋。

1835年9月15日，在沿南美洲西海岸向北航行之后“贝格尔”号到达加拉帕戈斯群岛，并一直呆到10月20日。

1835~1836年，“贝格尔”号返航，途经新西兰、澳大利亚、印度洋以及好望角，并于1836年10月2日抵达英国。

1837年，达尔文居住在伦敦。在蓬塔阿尔塔和加拉帕戈斯群岛的观察结果的激发下，他开始研究物种进化。在28岁时，他的健康状况开始出现问题。

1837~1838年，写成《关于物种变化的第一本笔记》。

1838年，达尔文阅读了马尔萨斯的《人口原理》，并发现进化和所有物种的生存斗争之间的联系。

1839年，达尔文娶了他的表姐埃玛·韦奇伍德。他的健康开始恶化。他的《“贝格尔”号航海考察日志》出版。

1842年，5月达尔文开始起草他的物种理论。9月达尔文夫妇移居肯特郡唐恩花园。出版了《珊瑚礁的结构和分布》。

1844年，达尔文撰写他的物种理论的修订本。

1846年，达尔文开始为期八年的甲壳动物的研究。

1856年，达尔文开始撰写他的“草稿”，用他的自然选择学说概述了进化论。

1858年，达尔文收到华莱士的信。他的早期原稿和华莱士的论文同时在林耐学会报告会上宣读。达尔文开始写作《物种起源》。

1859年11月24日，《物种起源》在伦敦出版。

1860年，赫胥黎教授作为“达尔文的斗士”在牛津的一次辩论会上和“英国科学促进协会”举行的年会上击败了大主教威尔伯福思。

1862 年，达尔文出版了有关兰花授粉的著作。

1864 年，达尔文因在地理学、动物学和植物学方面做出的杰出贡献，而被授予英国皇家学会科普利勋章。

1868 年，达尔文出版他的《动物和植物在家养下的变异》一书。

1871 年，达尔文出版了《人类的起源》。

1872 年，达尔文出版了《人类和动物的表情》。

1872 年 8 月 22 日，达尔文完成了他的《感觉的表现》。

1876 年，达尔文又发表了一部植物学著作《植物界中异花受精和自花受精的作用》。

1877 年，达尔文出版了《同种植物的花的不同形态》。

1881 年，达尔文 72 岁，同年 10 月 10 日，出版了他的最后一部巨著《由蚯蚓活动形成的土壤腐植层及对蚯蚓生活方式的观察》。

1881 年 11 月，达尔文心脏病突发。

1882 年 4 月 19 日，达尔文在唐恩花园与世长辞，享年 73 岁。

1882 年 4 月 26 日，作为国家荣誉的象征，达尔文被安葬在伦敦威斯敏斯特教堂墓地。